浙江省普通本科高校"十四五"重点立项建设教材

Labor Education for
College Students

大学生劳动教育

主　编　　金凌虹
副主编　　王林军　周军虎
编　委　　张　燕　王培蕾

浙江大学出版社
·杭州·

图书在版编目（CIP）数据

大学生劳动教育 / 金凌虹主编. -- 杭州 ：浙江大学出版社，2025. 1. -- ISBN 978-7-308-25092-4

Ⅰ．G40-015

中国国家版本馆CIP数据核字第2024ZM6943号

大学生劳动教育
DAXUESHENG LAODONG JIAOYU

主　编　金凌虹

策划编辑	汪荣丽
责任编辑	汪荣丽
责任校对	沈巧华
封面设计	林智广告
出版发行	浙江大学出版社
	（杭州市天目山路148号　邮政编码310007）
	（网址：http://www.zjupress.com）
排　　版	杭州林智广告有限公司
印　　刷	杭州宏雅印刷有限公司
开　　本	787mm×1092mm　1/16
印　　张	9.75
字　　数	208千
版 印 次	2025年1月第1版　2025年1月第1次印刷
书　　号	ISBN 978-7-308-25092-4
定　　价	42.00元

版权所有　侵权必究　　印装差错　负责调换

浙江大学出版社市场运营中心联系方式：0571-88925591；http://zjdxcbs.tmall.com

前言

劳动在促使人成为人本身的过程中有着特殊的意义和作用。伴随着人的成长，劳动的内涵、价值与意义也在不断发生变化，而劳动教育就是引导、规范、约束和激励"劳动"以服务于人的全面发展的一系列教育实践和活动。在实现"全人"教育的过程中，劳动教育起着提纲挈领的作用。

本教材的编写坚持以习近平新时代中国特色社会主义思想为指导，践行和贯彻马克思主义劳动观，教材内容设计遵循政治性、应用性和地方性原则。

一是坚持政治性。教材关乎国家事权，是意识形态的重要阵地。本教材的编写紧紧围绕"培养什么人""为谁培养人""如何培养人"这三个教育的根本问题，坚持正确的政治方向和价值导向，将社会主义核心价值观教育融入其中。

二是突出应用性。劳动教育的本义在于应用和实践，本教材结合大学生群体的特点，回应大学生的日常关切，以劳动权益保障、劳动伦理教育和劳动安全常识为主要内容。

三是融合地方性。本教材将台州的地方文化——大陈岛垦荒精神作为单独的一章进行阐述。编者认为，大陈岛垦荒精神所体现出的艰苦创业、奋发图强、无私奉献、开拓创新，与劳动教育倡导的价值观内涵一致。对大学生开展劳动教育，也是宣传和践行大陈岛垦荒精神的过程，促使大学生躬耕力行地做新时代的垦荒者。

本教材的特色与创新之处主要体现在以下几个方面：

一是点面结合。本教材既较为全面地阐述了马克思主义劳动观、劳动精神的内涵与意义，又深入剖析了大学生劳动教育的内涵、形态和载体。同时，以地方特色案例"大陈岛垦荒"为典型，实现垦荒精神与劳动教育互融互促，帮助大学生树立劳动最光荣、劳动最伟大、劳动最美丽的劳动观。

二是理实一体。本教材既有马克思主义劳动观、新时代劳动观的宏观论述，又有贴合大学生特色的劳动内容与劳动养成的阐述；既有理论高度，又有实操案例遵循，将理论与实践紧密结合，突出应用性和地方性。

三是学科交叉。本教材在内容编排上涉及教育学、政治学、历史学、法学等多个学科。编写人员拥有不同的学科背景，主编金凌虹为教育学背景；副主编王林军为政治学背景，周军虎的研究领域是思想政治教育；编委王培蕾为生物化学背景，张燕为历史学背景，充分体现了学科的交叉性。并且，编写人员的多学科背景，也有利于结合工作实际和应用型高校现状，贯通理论。

四是上下并施。编写人员在进行设计与编排教材的同时，还合作开发了配套的线上课程。"大学生劳动教育"线上课程已在智慧树教学平台上线，并在台州学院自2023级学生开始落地实施，实现了线上线下相结合，有力促进了大学生德智体美劳全面发展。

教材编写分工如下：马克思主义劳动观的内涵与意义，新时代劳动教育的支持保障及发展趋势（金凌虹执笔）；劳动精神的核心要义与培育路径（王林军执笔）；劳动教育的形式与载体、劳动保障与劳动伦理（王培蕾执笔）；技术赋能劳动与创新创业（张燕执笔）；大陈岛垦荒精神的演进与弘扬（周军虎执笔）。

对于《大学生劳动教育》这本教材，编写团队倾尽全力。在此，衷心感谢台州学院校领导、教务处、学生处、团委及马克思主义学院等相关负责人给予的指导、支持和帮助。正如批判理性主义的创始人卡尔·波普尔（Karl Popper）主张的，没有批评就没有知识的增长。我们诚挚期待大家的指正与批评。

金凌虹

目 录

第一章 马克思主义劳动观的内涵与意义 / 001

第一节 马克思主义劳动观"是什么" / 003
一、劳动是马克思主义理论体系的核心概念 / 004
二、劳动具有的四个特征 / 005
三、马克思主义劳动观可从三个层面来理解 / 006

第二节 马克思主义劳动观"为什么" / 007
一、劳动赋予人一种价值性的存在 / 007
二、劳动本质上是实现人全面自由发展的基本路径 / 008
三、劳动是人类历史的第一推动力 / 008

第三节 马克思主义劳动观"如何做" / 009
一、坚持教育同生产劳动和社会实践相结合 / 009
二、劳动教育面临的新挑战 / 010
三、劳动教育的推进举措 / 011

第二章 劳动精神的核心要义与培育路径 / 013

第一节 劳动精神的内涵 / 015
一、劳动精神的演变历史 / 015
二、劳动精神的核心要义 / 020

第二节 劳动精神的现实价值 / 023
一、劳动精神促进个人成长 / 023
二、劳动精神推动社会发展 / 027

i

第三节　大学生劳动精神的培育路径　/ 032
一、培养劳动意识和劳动习惯　/ 032
二、参与社会实践和志愿服务　/ 032
三、科学合理地规划学习生活　/ 034
四、保持充分自信和乐观心态　/ 034
五、增强挑战意识和抗压能力　/ 035

第三章　劳动教育的形式与载体　/ 037

第一节　生活性劳动　/ 039
一、家庭生活劳动　/ 039
二、校园生活劳动　/ 045
三、做校园里的绿色使者　/ 048

第二节　专业性劳动　/ 049
一、专业实践的重要意义　/ 049
二、专业实践的重要功能　/ 050
三、专业实践的社会价值　/ 051

第三节　创造性劳动　/ 052
一、劳动与创新创业的关系　/ 052
二、创新能力　/ 052
三、创业能力　/ 053
四、创业方式与途径　/ 055

第四节　服务性劳动　/ 057
一、大学生志愿服务的意义　/ 057
二、高校学生志愿服务的育人功能　/ 057
三、高校学生志愿服务实践　/ 059

第五节　新时代高校劳动教育载体拓展的现实路径　/ 060
一、丰富高校劳动教育校园文化载体　/ 060
二、拓展高校劳动教育的新媒体载体　/ 063
三、打造多样性的劳动教育实践平台　/ 067

第四章　劳动保障与劳动伦理　/ 071

第一节　劳动安全常识　/ 073
一、劳动保护基本内容　/ 073
二、劳动安全基本常识　/ 074

第二节　劳动法规常识　/ 079
一、《中华人民共和国劳动法》／ 079
二、《中华人民共和国劳动合同法》／ 080

第三节　劳动权益保障　/ 083
一、劳动者的权利　/ 083
二、女职工的特殊保护　/ 085
三、劳动成果的保护　/ 086
四、劳动权益的维护途径　/ 087

第四节　劳动伦理教育　/ 088
一、劳动伦理的本质与意义　/ 088
二、劳动伦理的基本内涵与特点　/ 094
三、劳动伦理的现实表现及未来发展　/ 100

第五章　技术赋能劳动与创新创业　/ 105

第一节　认识技术赋能下的劳动　/ 107
一、技术赋能劳动的意义　/ 107
二、人工智能时代劳动方式的变化　/ 110

第二节　创造性劳动与创新创业　/ 114
一、创造性劳动与创新创业的内涵　/ 114
二、劳动变化与创新创业的必要性　/ 115
三、创新创业养成路径　/ 117

第六章　大陈岛垦荒精神的演进与弘扬　/ 121

一、大陈岛垦荒的历史背景　/ 123
二、大陈岛垦荒的发起　/ 124
三、登岛垦荒的历程　/ 124
四、军民携手共建大陈岛　/ 128
五、大陈岛垦荒精神的提出与弘扬　/ 131

第七章　新时代劳动教育的支持保障及发展趋势　/ 133

第一节　新时代劳动教育的政策解读　/ 135
一、面向以基础教育为主的劳动教育　/ 135
二、面向大中小学的劳动教育　/ 136

  第二节　新时代劳动教育的管理与保障　/ 138
    一、新时代劳动教育的管理机制　/ 138
    二、新时代劳动教育的保障机制　/ 139
    三、新时代劳动教育的评价与改进　/ 140
  第三节　大学生劳动教育的未来趋势　/ 141
    一、"劳动+"教育成为显学　/ 141
    二、未来劳动者的素养特征　/ 144

参考文献　/ 147

Chapter 1

第一章

马克思主义劳动观的内涵与意义

大 学 生 劳 动 教 育

"劳动"一词随处可见，且无时不在。那么，究竟什么是"劳动"呢？"劳动"的古希腊语为"ἔργον"、拉丁文为"labor"、英文为"labour"。作为名词，它是指各种类型的手工工作和任何费力的工作，包含"工作"和"辛苦（痛苦）"之意；作为动词，它是指犁地或在土地上耕作。《大辞海》中对"劳动"的解释是："人类在生产财富中所提供的有价值的服务。"[1]《中国百科大辞典》中将"劳动"定义为："人们改变劳动对象使之适合自己需要的有目的的活动，即劳动力的支出或使用。"[2]

关于劳动概念的界定，学界有不少研究。熊来平认为，当劳动超越了"劳动目的的物质利益原则"，不仅限于作为人的谋生手段，而是具有表达人的生存状态和行为方式的目的意义时，其意义本身也就超出了经济学价值的范畴，涉及哲学、社会学、政治学等多方面的价值意义。且只要人类社会存在，劳动便会作为人的存在方式而拥有其纷繁无尽的本体论意味，成为人类存在意义的一部分。[3]李申俊强调了劳动是不同于动物本能活动的人的实践活动，他觉得劳动的定义应该是："人们耗费一定的劳动力进行的创造物质财富和精神财富的活动，是人类生存和发展的最基本的条件。"[4]肖绍明和扈中平认为，人有好逸恶劳的本性，然而，劳动恰恰是人改造自然和社会，战胜人自身的懒惰、孤寂、恶习等人性之恶，摆脱贫苦，满足自身需要和社会发展的艰辛而又幸福的转变过程。[5]

劳动是一个简单且古老的范畴，其现代性是逐渐演进的。作为一个经济学中最为简单的、抽象的范畴，劳动尽管起源古老且适用性极广（适用于一切社会形式的经济关系），但只有当它成为现代经济社会的范畴时，才呈现出丰富而真实的内容，进而成为"现代经济学的起点"[6]。在马克思的思想体系中，劳动是具有基础性意义的概念。马克思主义劳动观是马克思主义理论的重要组成部分，"整个所谓世界历史不外是人通过人的劳动而诞生的过程"。马克思主义劳动观的内涵极为丰富，为我们理解人类社会生活和整个世界历史提供了全新视角。本章将从认识论、价值论和方法论三个角度来对马克思主义劳动观进行介绍。

第一节　马克思主义劳动观"是什么"

马克思主义劳动观的首要意义是通过劳动实现对人的本质以及世界历史的全新

---

[1] 夏征农, 陈至立. 大辞海·经济卷[M]. 上海：上海辞书出版社, 2015: 131.
[2] 王伯恭. 中国百科大辞典（第4卷）[M]. 北京：中国大百科全书出版社, 1999: 4.
[3] 熊来平. 马克思的劳动概念及其当代价值[M]. 北京：中国社会科学出版社, 2019: 1.
[4] 李申俊. 劳动的定义应该是什么[J]. 国内哲学动态, 1981（10）: 29.
[5] 肖绍明, 扈中平. 新时代劳动教育何以必要和可能[J]. 教育研究, 2019, 40（8）: 43.
[6] 马克思恩格斯文集（第8卷）[M]. 北京：人民出版社, 2009: 25.

理解。

对于"蜜蜂的活动和人类的劳动有什么区别"这一哲学问题,马克思在《资本论》里说:

> 我们要考察的是专属于人的那种形式的劳动。蜘蛛的活动与织工的活动相似,蜜蜂建筑蜂房的本领使许多建筑师感到惭愧。但是,最蹩脚的建筑师从一开始就比最灵巧的蜜蜂高明的地方是,他在用蜂蜡建筑蜂房以前,已经在自己的头脑中把它建成了。劳动过程结束时得到的结果,在这个过程开始时就已经在劳动者的表象中存在着,即已经观念地存在着。他不仅使自然物发生形式变化,同时他还在自然物中实现自己的目的,这个目的是他所知道的,是作为规律决定着他的活动的方式和方法的,他必须使他的意志服从这个目的。①

由上述内容可知,马克思认为,蜜蜂的活动和人类的劳动的不同之处在于:一方面,人类劳动是把人头脑中的法则加诸物质世界;另一方面,劳动也是把法则加诸人的自由意志。前者是使自然服从法则,后者则是使人的自由意志服从法则。②

一、劳动是马克思主义理论体系的核心概念

在马克思主义理论体系中,"劳动"乃是核心概念。对"劳动"进行的系统概述构成了马克思主义劳动学说的丰富内容。"劳动"促使人与外界一切事物产生联系,生产出自身生存所需的物质条件。只有从基础的生产劳动出发才能找到理解全部社会历史的"锁钥"。马克思曾说:"生产劳动同智育和体育相结合,它不仅是提高社会生产力的一种方法,而且是造就全面发展的人的唯一方法。"

吴学东认为,马克思的劳动思想经历了以下三个发展阶段。③

1. 奠基阶段:《1844年经济学哲学手稿》中的"劳动"

在《1844年经济学哲学手稿》(以下简称《手稿》)中,马克思以"劳动"为核心论题,通过对国民经济学的分析、综述和批判,初步勾勒出了他的劳动思想的轮廓。在《手稿》中,马克思首次揭示了劳动对于人类存在和社会历史的决定性作用。例如,马克思从人类活动本质的劳动性角度推断:"整个所谓世界历史不外是人通过人的劳动而诞生的过程。"这一论断,不仅彻底否定了历史神创论,还有力地批判了英雄史观。《手稿》中关于劳动的思想表明,马克思在由唯心主义向唯物主义思想转变的过程中已迈出了关键性的一步。

2. 发展阶段:《神圣家族》和《德意志意识形态》中的"劳动"

在《神圣家族》中,马克思阐释了劳动在社会历史中的决定性作用。一方面,劳

---

① 马克思恩格斯文集(第5卷)[M].北京:人民出版社,2009:208.
② 韩毓海.卡尔·马克思:纪念版[M].北京:人民出版社,2018:66.
③ 吴学东.马克思的劳动思想研究[M].北京:中国社会科学出版社,2018:75-102.

动创造物质财富。无论是在直接的物质生产领域，还是在间接的物质生产领域，物质财富都是劳动者在加工劳动资料的过程中创造出来的。其中，劳动时间是衡量物品价值的尺度。另一方面，劳动创造了现代历史的主体——无产阶级。"思想本身根本不能实现什么东西，思想要得以实现，就要有使用实践力量的人"，这句话初步表明了劳动人民是历史创造者的观点。

《德意志意识形态》是马克思唯物史观创立过程中具有里程碑意义的一部著作。马克思、恩格斯指出，人一经开始劳动，便产生了双重关系：一种是自然关系，另一种是社会关系。在这里，体现"人与自然的统一"以及"人与自然的斗争"的自然关系就是生产力。在发现唯物史观的整个研究过程中，马克思始终以现实的个人作为研究的出发点和理论归宿，以劳动为基础范畴，通过对生产力的提高、分工的发展、所有制的演变等内容进行纵向研究，以及对生产力与交往形式、家庭、共同体等关系进行横向研究，构建了立体式的、有机的唯物史观结构体系。

3. 成熟阶段：《资本论》中的"劳动"

《资本论》和《手稿》是马克思"一生中的黄金时代的研究成果"[①]。它们运用辩证唯物论、唯物史观和唯物辩证法等世界观和方法论，揭示了资本主义经济运动和资本主义制度产生、发展和灭亡的基本规律。《资本论》研究的核心问题是资本和劳动关系的问题，劳动成为"现代经济学的起点"[②]。在《资本论》和《手稿》中，马克思对生产性劳动、非生产性劳动、自由劳动等都有卓越论述。

马克思主张教育与劳动相结合，指出教育不是简单的原理输出，而是要让儿童和少年了解生产各个过程的基本原理，同时使他们掌握运用各种生产的最简单工具的技能。马克思指出："有意识的生命活动把人同动物的生命活动直接区别开来。正是由于这一点，人才是类存在物。"在这里，"有意识的生命活动"即劳动是区分人与动物的唯一标准，构成了人的类本质。马克思基于现实的物质生产而非观念认为，自人类社会出现的那一刻起就有了劳动，人只有通过劳动，才能创造财富，满足自身物质所需。基于政治经济学，劳动的"生产性"，即"劳动力"及其创造剩余价值的能力，展示了劳动中人的力量和它所带来的社会价值。

二、劳动具有的四个特征

马克思认为，"劳动力的使用就是劳动本身，是人以自身的活动为中介，调整和控制人和自然之间的物质变换的过程"。他还认为，人的劳动"还需要作为注意力表现出来的有目的的意志……劳动的内容及其方式和方法越是不能吸引劳动者的，劳动者越是不能把劳动当作他自己体力和智力的活动来享受，就越需要这种意志"。有学者由此归

---

① 马克思恩格斯文集（第10卷）[M]. 北京：人民出版社，2009：167.
② 马克思恩格斯文集（第8卷）[M]. 北京：人民出版社，2009：25.

纳出劳动本身的四个特征①：

（1）劳动本身是一种生产性劳动，其目标在于认识世界和改造世界，解决的是人与自然的关系、人与社会的关系以及人与人的关系。

（2）人类的劳动是有目的的活动，在整个劳动过程中尤为强调人的意志的保持。

（3）劳动的开展必须包括劳动对象、劳动内容和劳动方法。要让劳动者乐于享受劳动，就必须精心安排劳动内容并辅以恰当的方法，使劳动内容和劳动方法既能实现劳动本身，又能引人入胜。

（4）劳动本身并不是单一存在的，而是与人的体力、智力等因素紧密相连的。

三、马克思主义劳动观可从三个层面来理解

归纳起来看，马克思主义劳动观可从三个层面展开，即劳动与人类的关系、劳动与社会发展的关系、劳动与人类发展的关系②。

1. 劳动与人类的关系

马克思在《手稿》中强调："正是在改造对象世界的过程中，人才真正地证明自己是类存在物。这种生产是人的能动的类生活。通过这种生产，自然界才表现为他的作品和他的现实。因此，劳动的对象是人的类生活的对象化：人不仅像在意识中那样在精神上使自己二重化，而且能动地、现实地使自己二重化，从而在他所创造的世界中直观自身。"③

2. 劳动与社会发展的关系

马克思在《德意志意识形态》中强调，首先应当确定一切人类生存的每一个前提，也就是一切历史的第一个前提。这个前提就是，人们为了能够"创造历史"，必须能够生活。为了生活就需要衣、食、住以及其他东西，因此，第一个历史活动就是生产满足这些需要的资料，即生产物质生活本身。而且，正是这样的历史活动是一切历史的一种基本条件，人们单是为了能够生活就必须每日每时地去完成它，几千年来都是如此。在马克思看来，劳动是"一切历史的一种基本条件"，有了人类的劳动，有了满足人类生存的必需前提，才产生了生活和历史。

3. 劳动与人类发展的关系

马克思从哲学与经济学两个角度全面地解释了劳动的含义。从哲学角度来说，他强调劳动是人的本质，是人的自我实现，是人类特有的、基本的社会实践活动。劳动是人凭借工具改造自然，使之适合自己需要，同时改造人自身的有目的的活动，是人和人类社会存在与发展的基础。从经济学角度来说，他强调劳动是人与自然之间的物质变换的过程，是人类改造自然的物质活动，是满足人的需要、创造物质价值的活动。

---

① 张海生.高校劳动教育的意涵、价值与实践：一种本体论、价值论和方法论的解析[J].大学教育科学，2021（1）：55.
② 刘丽红，罗俊，黄海军.大学生劳动教育[M].北京：新华出版社，2022：128.
③ 马克思恩格斯文集（第1卷）[M].北京：人民出版社，2009：163.

马克思明确指出，包括生产劳动在内的所有实践活动是人类改造客观世界和主观世界的必由之路。若缺少了必要的劳动实践，人也就缺乏了自我对象化的重要对象，从而也就缺乏了从对象化的世界中反观自我的载体和能力[①]。

"人的本质并不是单个人所固有的抽象物，在其现实性上，它是一切社会关系的总和。"而在"一切社会关系的总和"中，最重要的、最根本的是生产关系。因此，在劳动过程中，既有人与人之间相互协作的合作关系，也有人与自然万事万物的和谐共生关系。可以说，一个人劳动的深度和广度，将会极大地丰富其关系的多样性，进而增加其生命的厚度。

马克思主义劳动观"是什么"

第二节 马克思主义劳动观"为什么"

探讨马克思主义劳动观"为什么"，实际上是探讨价值观的问题。价值观是指主体对客体满足其需要的关系的总的反映。在马克思的价值观形成过程中，劳动发挥了基础性作用。马克思主义劳动观与马克思关于人的全面发展学说紧密相连。依据马克思主义观点，未来社会是"以每个人的全面而自由的发展为基本原则的社会形式"，劳动是以活动本身为目的的活动，成为人们美好生活的第一需要，每个人在德智体美劳等方面获得和谐统一[②]。

一、劳动赋予人一种价值性的存在

在《劳动在从猿到人转变过程中的作用》一文中，恩格斯明确提出："劳动创造了人本身。"劳动在人的进化过程中发挥着根本性的作用。在恩格斯看来，社会本能是从猿进化到人的最重要的杠杆之一。最初的人想必是群居的，从我们所能追溯到的历史来看，情况也确实如此。可见，在人从猿进化为人的过程中，劳动不仅改造了人的生理结构，使人可以直立行走，还从根本上改变了人的关系形态，赋予了人一种价值性的存在。

马克思认为，人是在一定的社会关系中完成从生物人到社会人的转变的，这个转变的过程是作为"一切社会关系的总和"的人的本质的形成过程。正是这些丰富多彩的劳动实践促成了人们之间的相互交往，进而引发错综复杂的社会关系。劳动教育与闲暇教育以及劳动教育与德育、智育、体育、美育之间的对立都辩证统一于培养自由全面发展的人的教育目的。

---

① 班建武."新"劳动教育的内涵特征与实践路径[J].教育研究，2019（1）：22.
② 熊来平.马克思的劳动概念及其当代价值[M].北京：中国社会科学出版社，2019：217.

二、劳动本质上是实现人全面自由发展的基本路径

为了造就全面发展的人，劳动必须回到现实的社会关系，复归人性，体现人的物质性和精神文化价值，体现"人本身是人的最高本质""人的根本就是人本身"。就劳动教育的内容而言，"五育"并举中的劳动教育与其他教育内容辩证统一。这不仅需要进一步明确劳动与理论、实践、生产、行动、活动等概念的差异和关系，还需要明晰在"五育"并举的综合实践中，劳动教育不同于德育、智育、体育和美育，其在逻辑上是另一层次，属于另一类教育。在实践过程中，劳动教育是以实现"德智体美"等四育为内容和目的的综合实践活动，在本质上仍是实现人的全面自由发展的基本路径①。

人的全面发展包括人的智力和体力的充分、统一的发展，也包括人的才能、志趣和道德品质的多方面发展。劳动和劳动教育对于教育来说，具有本体、本来、本原的意义和价值。

劳动可以树德，能够培养人的品德修养；劳动可以增智，助力增长人的知识智慧；劳动可以强体，有效增强人的身体素质；劳动可以育美，提升人的审美素养。从根本意义上来说，若是没有劳动和劳动教育，其他教育也就无从谈起。在马克思主义视野中，劳动或者说劳动教育是理解人类历史、解释现代社会、把握未来世界的基本方式和总体要求。

三、劳动是人类历史的第一推动力

劳动是人类文明的"太阳"。在马克思、恩格斯看来，"只要社会还没有围绕着劳动这个太阳旋转，它就绝不可能达到均衡"②。

劳动是马克思唯物史观和剩余价值学说这两个伟大发现的基石。马克思用劳动这把钥匙打开了人类社会奥秘的大门，创立了唯物史观；马克思以科学的劳动价值论为前提，厘清了劳动和劳动力的界限，揭开了剩余价值的秘密。所以，劳动在马克思主义哲学和政治经济学以及整个科学社会主义理论体系的创造中均发挥了决定性的作用。可以说，没有科学的劳动理论就没有马克思主义。

劳动是人之为人以及社会得以存在和发展的基本前提。按照唯物史观的逻辑，劳动决定了人类从无到有的历史性转变，是人类历史的第一推动力。马克思直言，劳动不用说停止一年，就是停止几个星期或几天，人类社会就难以存在了。劳动之所以具有这种根本的解释力，核心就在于它是人类改天换地的物质力量。

劳动是社会演进的真正"血脉"。从我国五千多年的血脉基因和文化图腾来分析，劳动是一种归属和认同。一部中华民族繁衍生息、文明演进的发展史，就是一部中国各族人民的劳动史。从刀耕火种、专事稼穑的农耕时代，到机器生产、商业兴旺的工

---

① 肖绍明，扈中平.新时代劳动教育何以必要和可能[J].教育研究，2019，40（8）:47.
② 田鹏颖.高校劳动教育的本体价值和实施途径[J].中国高等教育，2020（Z3）：6.

业文明，再到如今网络发达、互联互通的数字时代，自强不息、追逐梦想的精神，勤劳苦干、辛勤劳动的品格始终亘古未变、一脉相承，甚至已成为兴国之魂、民族气质。

在改革开放的历史新时期，"蓝领专家"孔祥瑞、"金牌工人"窦铁成、"新时期铁人"王启明、"新时代雷锋"徐虎、"知识工人"邓建军、"马班邮路"王顺友、"白衣圣人"吴登云、"中国航空发动机之父"吴大观等一大批劳动模范和先进工作者，干一行、爱一行、专一行、精一行①。他们无一不是以高度的主人翁责任感、卓越的劳动创造以及忘我的拼搏奉献，推动中华民族走在伟大复兴的进程中。

马克思主义劳动及其教育理论的伟大贡献在于，它认识和发现了劳动之于教育以及劳动教育本身的伟大意义，颠覆了数千年来将劳动教育与以理论理性为主导的闲暇教育对立起来的历史传统，把代表社会绝大多数劳动者的劳动教育解放了出来。马克思认识到劳动教育是人与自然/物的融合与相互改造，能够创造伟大的物质文明、社会文明和精神文明。而且，劳动教育是人在劳动中充分发挥人的自然属性、社会属性和精神属性，建构自身，实现人生的意义。

▶ 马克思主义劳动观"为什么"

第三节 马克思主义劳动观"如何做"

一、坚持教育同生产劳动和社会实践相结合

以马克思主义劳动价值观为立论依据，在认识到劳动是人类社会形成和发展的前提、劳动创造价值的基础上，习近平总书记提出："劳动是推动人类社会进步的根本力量。"②2015年，在全国劳动模范和全国先进工作者表彰大会上，习近平总书记指出："劳动者的知识和才能积累越多，创造能力就越大。"③2020年，在全国劳动模范和全国先进工作者表彰大会上，他又强调，"劳动者素质对一个国家、一个民族发展至关重要"④，要注重提升劳动者素质，"培养一代又一代热爱劳动、勤于劳动、善于劳动的高素质劳动者"⑤，鼓励人们通过劳动去实现自身的价值。

习近平总书记基于我国教育实际，深化了马克思、恩格斯对"劳动教育"这一概念的思考。2016年12月，在全国高校思想政治工作会议上，他提出，"要更加注重以文化人以文育人，广泛开展文明校园创建，开展形式多样、健康向上、格调高雅的校

---

①② 习近平.习近平在同全国劳动模范代表座谈时的讲话(全文)[EB/OL].（2013-04-28）[2024-05-01].https://www.gov.cn/ldhd/2013-04/28/content_2393150.htm?isappinstalled=1.
③④⑤ 习近平.在庆祝"五一"国际劳动节暨表彰全国劳动模范和先进工作者大会上的讲话[N].人民日报,2015-04-29(2).

园文化活动,广泛开展各类社会实践"[1]。他根据时代变化及现实需求更新了劳动技能培训内容,进一步丰富了劳动教育的育人价值。

劳动教育是中国特色社会主义教育制度的重要内容,是落实立德树人根本任务的本质要求。具体到每所高校,必须坚持以习近平新时代中国特色社会主义思想为指导,全面贯彻党的教育方针,落实全国教育大会精神,坚持立德树人,坚持培育和践行社会主义核心价值观,把劳动教育纳入人才培养全过程,以课程教育为主要依托,弘扬劳动精神,教育引导学生崇尚劳动、尊重劳动、热爱劳动,积极探索特色劳动教育体系,着力培养德智体美劳全面发展的社会主义建设者和接班人。

在推进和落实劳动教育的过程中,应坚持以下三项原则。

(1)坚持思想引领。坚持党的领导,围绕培养担当民族复兴大任的时代新人,秉持立德树人理念,准确把握劳动教育价值取向,引导学生树立正确的劳动观,促进学生全面发展、健康成长。

(2)坚持以生为本。根据学生个体差异,选择适宜的劳动内容,以体力劳动为主,结合学校实际,安排适当的劳动时长和强度,做好劳动保护措施,把劳动教育贯穿人才培养始终。

(3)坚持进行实践。让学生直接参与劳动、动手实践、磨炼意志,掌握劳动技能,养成劳动习惯,提升劳动素养,强化学生主动性和创造性思维的能力,培养学生良好的劳动品质。

二、劳动教育面临的新挑战

现实中,劳动教育正面临着一些新问题与新挑战。首先,劳动教育存在错位现象。随着科技在劳动实践中的运用,脑力劳动逐渐占据上风。虽然人是科技的创造者,但却渐渐沦为科技的附庸。于是,人们不禁开始怀疑"谁是世界的主宰""劳动到底属不属于我""谁在控制着我"。很多劳动者处于一种迷茫混沌的状态,无法真正认识自己。其次,劳动教育存在异化现象。生产力的进步及社会分工的扩大使劳动逐渐呈现异化,给人的全面发展带来困境。当前阶段,我国劳动教育呈现"去内在化""去身体化""去自然化"等不良现象,使得劳动作为人的本质力量无法在现实中得到确证[2]。

针对劳动教育的异化,习近平总书记重申:"劳动是人类的本质活动,劳动光荣、创造伟大是对人类文明进步规律的重要诠释。"[3]他断言,"劳动是推动人类社会进步的根本力量"[4]。

---

[1] 习近平在全国高校思想政治工作会议上强调:把思想政治工作贯穿教育教学全过程 开创我国高等教育事业发展新局面[EB/OL].(2016-12-08)[2024-05-01].https://news.12371.cn/2016/12/08/ARTI1481194922295483.shtml?10000skip=true.
[2] 张泰源,韩喜平.习近平总书记关于劳动教育的重要论述的四重意蕴[J].教育研究,2022(6):23.
[3] 习近平.在庆祝"五一"国际劳动节暨表彰全国劳动模范和先进工作者大会上的讲话[N].人民日报,2015-04-29(2).
[4] 习近平.习近平谈治国理政(第一卷)[M].2版.北京:外文出版社,2018:44.

针对劳动教育的淡化，习近平总书记于 2013 年在同全国劳动模范代表座谈时的讲话中强调，必须大力弘扬劳模精神、发挥劳模作用。榜样的力量是无穷的。劳动模范是民族的精英、人民的楷模。长期以来，广大劳模以平凡的劳动创造了不平凡的业绩，铸就了"爱岗敬业、争创一流，艰苦奋斗、勇于创新，淡泊名利、甘于奉献"的劳模精神，丰富了民族精神和时代精神的内涵，是我们极为宝贵的精神财富。[①] 我们应通过发挥劳模的示范引领作用，引导人们树立正确的劳动观。

针对劳动教育的弱化，习近平总书记强调，"全社会都要贯彻尊重劳动、尊重知识、尊重人才、尊重创造的重大方针"[②]。我们应通过家庭、学校、社会各个方面的协同效应强化劳动教育成效。

三、劳动教育的推进举措

（一）健全劳动教育课程体系

将劳动教育纳入学校人才培养方案，形成具有综合性、实践性、开放性、针对性的劳动教育课程体系。

1. 开设劳动必修课程与通识选修课程

高校应将劳动教育列为必修课程，通过此类课程向全体学生普及通用劳动科学知识，引导学生认识人类劳动实践的创造本质，进而树立正确的劳动观。同时，高校还应结合专业教育的实际情况，开设其他劳动教育通识选修课程，普及与学生职业发展密切相关的通用劳动科学知识。

2. 将劳动教育融入"课程思政"

借助新时代"课程思政"教学改革的良好发展势头，将思想政治教育融入各类课程教学，在课程思政中有意识地融入劳动精神，并引入马克思主义劳动观、劳动安全和劳动法规等内容。以大学生就业指导、职业生涯规划和创新创业课程为依托，将思想政治教育与各类课程教学紧密结合，帮助学生树立正确的劳动观，培养其爱岗敬业的劳动态度。

3. 使劳动教育与专业课程有机结合

结合不同学科的专业特点，在教授专业基本技能的基础上，甄别各专业课程具有的劳动属性和劳动指向，加强劳动技能和实践教育，提高劳动教育在专业核心能力考核中的比重，在学习专业课程的过程中，让学生掌握专业劳动知识、参与专业劳动实践、积累专业劳动经验，全面提升学生的专业劳动能力。

---

① 习近平.习近平在同全国劳动模范代表座谈时的讲话(全文)[EB/OL].（2013-04-28）[2024-05-01].https://www.gov.cn/ldhd/2013-04/28/content_2393150.htm?isappinstalled=1.
② 习近平.在庆祝"五一"国际劳动节暨表彰全国劳动模范和先进工作者大会上的讲话[N].人民日报，2015-04-29（2）.

（二）分类推进劳动教育实践

1. 设立劳动实践教育环节

在创新学分中设置劳动教育实践环节，每学年通过灵活增设"劳动周"的形式开展劳动实践教育。各学院结合专业能力素质要求、职业发展需求和教学计划安排，分层分类、有序组织学生在劳动周集中开展劳动实践活动。

2. 推行日常生活中的劳动教育

在校园内以包干形式组织学生开展校园集体劳动，让劳动教育全面渗透到学生的日常生活中。各班级增设劳动委员，加强学生劳动卫生管理，培养学生的日常生活劳动技能和良好的行为习惯，助力校园文明建设。

3. 发挥实践教学劳动育人成效

在专业教育中设计合理且可操作的实践课程及项目内容，依托专业课程、实习实训、科学实验、社会实践、毕业设计等开展劳动实践，不断丰富劳动教育内容。依托创新创业平台，实现"创新创业+劳动教育"育人模式，以大学生创新创业大赛、"挑战杯"等各类创新创业竞赛活动为契机，深度融合劳动教育，培养新时代崇尚劳动、尊重劳动并具有劳动精神的创新创业型人才。与相关产业、行业企业或政府部门合作，增设校内外劳动教育实践基地，在工作岗位上开展劳动实践教育，提升学生实践操作能力和专业劳动能力。

4. 拓展志愿型、服务型劳动实践

增设学生志愿服务等劳动实践岗位，鼓励学生依托社团等自主开展面向校园的服务型劳动、志愿型劳动实践活动；将寒暑期集中社会实践与劳动教育相结合，以项目制社会实践形式为学生拓展劳动实践教育方式；搭建志愿服务平台，组织学生深入城乡社区、福利院和公共场所开展志愿服务、公益劳动；设置勤工助学岗位，充分发挥勤工助学育人功能，培养学生热爱劳动、自强不息的奋斗精神。

5. 加强劳动文化建设

开展劳动教育学习宣传活动，通过专题讲座、主题班会、主题党团活动等形式，教育学生正确理解马克思主义劳动观，把握劳动精神和奋斗精神的实质与内涵，培养学生正确的劳动价值观和良好的劳动品质。在劳动节、植树节、学雷锋纪念日、国际志愿者日等节日，组织开展劳动文化宣传教育活动，通过讲座、校园展板、网络媒体等途径宣传典型人物和事迹，发挥榜样育人的示范引领作用，营造良好的劳动氛围，不断加强劳动教育长效机制建设。

▶ 马克思主义劳动观"如何做"

Chapter 2

第二章

劳动精神的核心要义与培育路径

大 学 生 劳 动 教 育

第一节 劳动精神的内涵

"民生在勤，勤则不匮。"[1]在漫长的历史长河中，中华民族始终保持着勤于劳动、勇于奋斗的优良品质，创造出了灿烂的文明，即便历经沧桑，依然生生不息。回望百年历程，在中国共产党的领导下，广大人民辛勤劳作、艰苦奋斗，共同谱写出了"换了人间"的宏伟壮丽史诗。

2020年11月24日，习近平总书记在全国劳动模范和先进工作者表彰大会上指出，在长期实践中，我们培育形成了崇尚劳动、热爱劳动、辛勤劳动、诚实劳动的劳动精神[2]。劳动精神内涵丰富、意境深远，跨越时空、历久弥新。在新时代弘扬劳动精神，对于实现中华民族伟大复兴的中国梦，全面建设社会主义现代化国家以及培育能够担当民族复兴重任的时代新人而言，具有重大的现实意义和深远的历史意义。

一、劳动精神的演变历史

劳动精神是人们在工作中表现出的积极向上、勤劳自强、勇于拼搏、追求卓越等一系列良好品质。它是劳动者为创造美好幸福生活，在奋斗过程中秉持的基本态度、价值理念和展现出来的精神风貌，表现为对工作的热爱、对劳动者的尊重以及通过劳动实现自我价值和社会价值的精神追求。在人类社会的发展过程中，劳动精神经历了不同的阶段和层次，具有一定的演变历史。

（一）原始社会的劳动精神

在原始社会时期，人类生活在一个变幻莫测的自然环境中，四季的更迭、气候的无常以及无数难以预测的自然灾害，都让人类的生存变得异常艰难。为了能在严酷的环境中生存下来，人类不得不与自然界展开旷日持久的斗争。在此期间，人类逐渐认识到自然界的伟大与神秘，并产生了对自然的敬畏之情。

原始社会的生产方式以狩猎和采集为主，尽管劳动形式相对简单，但人类已经开始意识到劳动的重要性。为了生存和发展，人类需要不断地通过劳动来获取食物和生活必需品，以维持生命的延续。随着劳动工具的不断改进，如石器的打磨、木器的制作等，人类对自然资源的开发能力得以增强，生产效率显著提高，这也促进了劳动技能的传承和发展。

在劳动过程中，劳动精神开始萌芽。人类开始观察天文、气象等自然规律，预测季节变化，合理规划生产活动，以便更好地适应自然环境。同时，劳动合作的过程还

---

[1] 出自《左传·宣公十二年》，意思是民众的生计、生活在于勤劳，勤劳就不会出现物资匮乏。
[2] 习近平.习近平：在全国劳动模范和先进工作者表彰大会上的讲话[EB/OL].（2020-11-24）[2024-05-01].http://politics.people.com.cn/n1/2020/1124/c1024-31943129.html.

加强了各群体间的联系，进而形成了更为复杂的社会结构和文化体系。

可以说，原始社会时期的劳动精神是人类文明发展史上的重要一环。它不仅塑造了人类的思维方式和生活方式，还为后来的人类社会发展提供了宝贵的经验和启示，更为人类文明的发展奠定了基础。在艰难困苦中，劳动精神激励着人类不断前行，最终走向文明的彼岸。

> **精神典范**
>
> **大禹：远古时期的"水利工程师"**
>
> 大禹治水的故事是中国古代著名的神话传说之一，它讲述了大禹凭借勤劳、智慧和不屈不挠的精神，成功治理泛滥洪水的传奇经历。
>
> 远古时期，黄河泛滥成灾，给人们的生活造成了极大的困扰。当时的君主舜任命大禹为治理黄河的"工程师"。面对滔滔洪水，大禹从鲧治水的失败中吸取教训，改变了"堵"的办法，采用疏导河道、开凿渠道、修建堤坝等方法，使得黄河的水流得到了有效的调节，洪水得到了控制。
>
> 大禹为了治理洪水，长年在外与民众一同奋战，置个人利益于不顾，"三过家门而不入"，耗尽心血与体力，终于完成治水大业，让人民过上了安定的生活。
>
> 后人感念他的功绩，为他修庙筑殿，尊他为"禹神"。如今，大禹治水的精神已成为中国人民在面对自然灾害时的一种信仰和力量源泉，其所表现出的勇气、毅力、智慧和工作态度，体现了劳动精神的至高境界。

（二）农业社会的劳动精神

随着农业的不断发展，人们的生产方式逐渐从狩猎、采集为主转向了以农业生产为核心。这一转变不仅引发了生产方式的变革，更在精神层面上推动了劳动精神的进一步发展和完善。

在农业时代，人们深刻体会到劳动对于获取生活所需物质财富的重要性。只有辛勤耕耘、精心照料，才能获得丰收的果实，从而满足人口增长的需求。这种对劳动的深刻认识，使得劳动成了人们生活中不可或缺的一部分。此外，劳动还成了人们实现自我价值和获取社会地位的重要途径。

随着农业技术的不断进步和革新，人们开始研究如何提高农作物的产量和质量。经过长期的实践，他们学会了利用水源、土壤和阳光等自然资源的方法，为农业生产创造良好的条件。同时，灌溉、施肥等技术的诞生和运用也让农作物的产量逐渐提高，为人们提供了更加丰富的食物来源。人们不再需要为了生存而四处奔波去寻找食物，可以拥有更多的时间和精力投入其他方面的发展。

社会的进步促使劳动分工逐渐明确，出现了各种职业和行业。人们不断学习和积累经验，不断提高劳动技能水平，在劳动实践中逐渐达成了一种勤劳致富的共识。在中国的古代诗词中，有许多歌颂农民辛勤劳动的作品，如南宋诗人翁卷在《乡村四月》中写道："绿遍山原白满川，子规声里雨如烟。乡村四月闲人少，才了蚕桑又插田。"诗句生动描绘了乡村四月人们忙碌劳作的场景，表达了作者对农民辛勤劳动的赞美之情。

> **精神典范**
>
> **苏轼：古代文人中的劳模**
>
> 在中国古代的文人群体中，苏轼无疑是一位杰出代表。他不仅在诗词书画方面有着非凡的才华，而且在朝政和为民服务方面也展现出了卓越的才能。可以说，苏轼是"文人中的劳模，劳模中的文人"。
>
> 苏轼的一生虽经历了从政一路被贬的"外派"生涯，但他从不气馁。在徐州任职期间，他积极参与水利工程，修筑堤坝抵御洪水。被贬黄州后，他积极开垦荒地，努力改善当地的生活环境。到惠州后，他固堤筑桥，让当地的农田和百姓免遭洪水侵袭。在担任杭州知府期间，他修复水库，为民众提供稳定的灌溉水源。即使流落到儋州，他仍然坚持授民以智，帮助他们提高生活水平。
>
> 无论身处何地，苏轼都始终坚守勤政爱民、为民造福的原则。他的躬耕实践和勇于进取的精神，使他成为一位真正的劳模。他的事迹激励着后人：一个真正的文人不仅要有卓越的文学才能，更要有对社会的责任心和使命感，如此才能成为一个有价值的人。

（三）工业社会的劳动精神

随着工业革命浪潮的席卷而来，人类的生产方式发生了翻天覆地的变化。尤其是机器的广泛应用，使得生产效率得到了前所未有的提高。从手工制造向机器生产的转变，不仅极大地解放了人类的双手，还为人们创造了更多的就业机会和更大的发展空间。

科技的飞速发展和创新，使得劳动不再局限于简单的体力活动，而更多的是需要技能、知识和创新的结合。工人们开始接受系统的教育和培训，努力提升自己的技能水平，以适应日益复杂的生产环境。这种变化不仅提高了生产效率和工作质量，还使得劳动逐渐成为一种创造性的活动。工人们在劳动中不断探索、创新，这也进一步推动了技术的进步和经济的发展。

与此同时,劳动者的地位也有了显著提高,他们挣脱了旧有模式下被动接受命运安排的枷锁,成了推动社会发展的主动力量。人们逐渐认识到,劳动是一种实现自我价值、展现个人能力的有效途径。通过劳动,人们不仅能获得物质上的回报,还能得到精神上的成长和提升。

在这一背景下,许多思想家和文学家开始关注劳动问题,并提出了许多深刻的见解。马克思认为,劳动是人类的本质活动之一,是实现自我价值和社会价值的重要途径;恩格斯则进一步强调了劳动者的权利应该充分得到保障。这些思想观点对当时的社会产生了深远的影响,为后来的社会改革提供了理论基础。在许多国家,劳工运动逐渐兴起,劳动者们积极争取更好的工作条件、更公平的工资待遇和更完善的社会保障,从而推动了社会公平与正义的实现。

> **精神典范**
>
> **王进喜:新中国石油战线的铁人**
>
> 在20世纪60年代,中国石油工业正处于起步阶段,大庆油田的勘探和开发任务异常艰巨。就在这个关键时刻,王进喜义无反顾地带领他的1205钻井队投身到这场艰苦卓绝的石油战斗中。他始终怀揣着"有条件要上,没有条件创造条件也要上"的坚定信念。这种坚定的信念成为他们战胜困难、取得胜利的强大精神支柱。
>
> 为了能顺利完成钻井任务,王进喜和他的团队克服了重重困难,付出了巨大的努力。他们人拉肩扛,将钻机运到钻井现场。在严寒中破冰端水,保证钻机的正常运行。面对井喷等突发状况,他们毫不犹豫地跳入泥浆池,以非凡的勇气制服了井喷。在这场艰苦的石油战斗中,王进喜和他的团队展现出了顽强的意志和冲天的干劲,最终成功打出了大庆石油会战的第一口油井,创造了年进尺10万米的世界钻井纪录。
>
> 王进喜的英勇事迹感动了无数人,他把短暂而光辉的一生献给了我国石油工业。他身上所体现的铁人精神,成为中华民族的宝贵精神财富。在"100位新中国成立以来感动中国人物""最美奋斗者"评选中,王进喜先后入选,这既是对他无私奉献、为国家石油事业做出巨大贡献的高度肯定,也是对他多年来坚持不懈、勇往直前的奋斗精神的赞美。

(四)信息时代的劳动精神

随着全球范围内信息技术的普及和飞速发展,人类社会正经历着一场前所未有的生产方式与生活方式的变革。知识经济的重要性已深入人心,人们也逐渐认识到,只有不断学习和创新，才能跟得上这个信息化时代的发展步伐。

在当今社会，互联网就像一座座金色的桥梁，连接着世界各地的人们，让我们可以随时随地获取丰富的知识，学习新技能。网络平台构建了一个开放的交流空间，人们可以在其中分享自己的经验和见解，进而形成一个高度互联的知识体系。与工业社会不同的是，知识工作者成了社会创新的主力军，他们凭借扎实的专业知识、敏锐的洞察力和创新精神，不断挖掘新知识、探索新领域，为社会的繁荣和发展注入了源源不断的活力。

科技的发展不仅推动了社会的进步，也为人类的生活带来了无尽的可能。虚拟现实、区块链、生物技术等新兴产业逐渐崛起，为劳动者提供了更多的就业机会和更大的发展空间。人工智能和机器人技术的发展，更是让我们看到了未来的发展方向。这些技术的应用，不仅提高了生产效率，降低了劳动强度，还使人们有时间去关注自己的兴趣爱好和家庭生活。

信息时代，充满着机遇和挑战。我们需要把握好科技发展的趋势，充分利用信息资源，不断提升自己，以适应这个瞬息万变的世界。但同时，我们也需要关注科技发展带来的问题，积极寻找解决方案，从而让科技真正地为人类的发展与进步服务。

精神典范

王永民：把中国带入信息时代的人

在计算机发展初期，由于计算机技术起源于英语世界，键盘是按照西文思维设计的，这给汉字的输入带来了极大的挑战。汉字数量庞大、结构复杂，与西文的字母输入方式有很大不同。而五笔字型输入法的出现，有效地解决了这个难题。

1978年，34岁的王永民凭借扎实的学业功底，苦战1800个日夜，抄编并分析了12万张卡片，融信息论、人机工程学、软件科学与文字学于一炉，终于在1983年成功研发出"五笔字型"汉字输入技术，实现了"成千上万的方块字"与"西文原装26个字母键盘"的"无缝接轨"。新华社报道称其为"中国文化史上其意义不亚于活字印刷术"的发明。

1998年，王永民总结出一套汉字键盘输入的"全面解决方案"，这成为我国汉字输入技术发展应用的里程碑。2004年，他开发完成了数字系列汉字输入法，使我国当时普遍存在的手机、电话机、税控机"汉字输入难"的问题得到解决。"数字王码"的推出，更是一举突破了在数字键上"简易、高效、灵巧"输入汉字的难题，从根本上改变了中国手机输入法长期依赖进口的局面。

30多年来，王永民始终坚持艰苦奋斗，并勇于创新，在中国汉字信息处

理技术领域做出了杰出贡献。在中国科学院和中国工程院院士路甬祥主编的《科学改变人类生活的100个瞬间》一书中，王永民被誉为"把中国带入信息时代的人"。

劳动精神是一个处于不断发展和完善状态的过程，它在不同的历史阶段和不同的社会形态中表现出了不同的特点和内涵。时代的变迁促使人们的生产方式和生活方式发生了巨大的变革，但劳动仍然是人类生存和发展的基础。只有通过不断的劳动创造，才能实现个人和社会的发展进步。

二、劳动精神的核心要义

在新时代弘扬劳动精神，既是对中华优秀传统文化的传承与发扬，也是对新时代中国特色社会主义事业的有力支撑。

社会主义是干出来的，新时代也是干出来的。劳动创造了中华民族，造就了中华民族的辉煌历史，也必将创造出中华民族的光明未来。全体社会成员应弘扬劳动精神，在崇尚劳动中树立劳动观念，在热爱劳动中培养劳动态度，在辛勤劳动中淬炼劳动能力，在诚实劳动中锻造劳动品德，奏响新时代劳动凯歌，为全面建设社会主义现代化国家而团结奋斗。

（一）崇尚劳动

崇尚劳动，不仅是一种社会价值观，更是一种生活态度和人生观的体现。其核心要义在于尊重和赞美劳动，强调劳动所蕴含的尊严和价值，以及对劳动者贡献的深深敬重。劳动不仅仅是人们用以谋生的手段，更是一种实现自我价值的途径。

相比于古代社会，现代社会赋予了劳动更多的尊严和价值。人们已经意识到，每一份劳动都是社会发展的重要推动力，每一位劳动者都是社会进步的基石。无论是脑力劳动者，还是体力劳动者，他们的付出都是在为社会的繁荣和进步做贡献。因此，崇尚劳动，本质上就是尊重每一位劳动者，尊重他们的辛勤付出和无私奉献。

崇尚劳动也是一种人生态度的表现。它鼓励人们以积极的心态去面对生活中的困难和挑战，通过自己的努力和汗水去创造美好的生活。这种态度让我们更加珍视自己的每一次努力，更加珍视每一次的成功和失败，因为这些都是我们成长的印记，是实现自我价值的过程。

在现代社会中，劳动已经成了人们实现自我价值的重要途径。无论是科技工作者、教育工作者，还是医护人员、建筑工人，他们都在自己的岗位上用实际行动证明了自己的价值，用智慧和力量为社会的发展贡献力量。因此，我们理应珍惜每一位劳动者的付出，让劳动成为每个人生活中的一部分，让崇尚劳动的价值观在全社会广泛传播并积极践行。

劳动精神的核心要义与培育路径 第二章

（二）热爱劳动

热爱劳动是一种重要的品质，它既是培养正确劳动态度的关键所在，也是促进劳动者自觉、积极和主动地投入工作的重要途径。在现代社会中，劳动是人们生活的重要组成部分，每个人都必须认识到劳动的价值和意义，并将其视为一种荣誉和责任。

热爱劳动是一种积极向上的生活态度，体现着人们对生活的热爱和对自我提升的渴望。它不仅能够帮助人们养成正确的劳动观念，还可以帮助其实现自我价值的最大化，使人们更好地融入社会、建立良好的人际关系，进而获得更大的成就感和满足感。

热爱劳动是一种源自内心的驱动力，它能激发劳动者对工作的热情，促使其积极主动地寻找提高工作效率和质量的方法，不断追求卓越。这种内在的驱动力使我们能全身心地投入工作，认真地对待每一个细节，从而在实践中不断成长。

热爱劳动是一种对时间的珍视态度。当我们热爱自己的工作时，就会真正意识到时间的重要性，也会更加珍惜宝贵的时间资源，从而提高工作效率。正如一名热爱教育事业的教师，就会更加注重课堂效率，让课堂上的每一分钟都能体现出它的价值。

（三）辛勤劳动

辛勤劳动，是一种对劳动过程及其强度的充分肯定，体现了劳动者的勤奋和毅力，是获得成就的基础。

对于体力劳动者来说，他们在工作中要承受较大的身体负荷，需持续锻炼以增强体能，从而适应劳动强度。正是这种辛勤劳动，让城市变得更加美好，让粮食获得丰收，让人们的生活变得更为充实。而对于脑力劳动者而言，虽然他们没有直接消耗体力，但在思考、分析和解决问题时，同样需要付出智慧和心血。正是他们的付出，使得社会不断进步、科技水平不断提高、文化不断繁荣。

"一分耕耘，一分收获"，只有通过辛勤劳动，才能获得丰收的果实。在过去的几十年里，中国取得了一些举世瞩目的成就。这些成就的取得离不开亿万人民的辛勤付出和不懈努力。正是全国人民齐心协力，中国才从贫穷落后中迅速崛起，成为世界第二大经济体。在这个过程中，无数感人至深的故事，生动诠释了辛勤劳动的真谛。

精神典范

焦裕禄：县委书记的优秀榜样

"百姓谁不爱好官？把泪焦桐成雨。""为官一任，造福一方，遂了平生意。"一首《念奴娇·追思焦裕禄》，写出了焦裕禄同志的为民情怀与英雄本色，也道出了无数人心中优秀中国共产党人的良好形象与精神风貌。

1962年，兰考县正面临严重灾荒，全县粮食产量降到历史最低水平，焦裕禄临危受命，担任县委书记。在与内涝、风沙、盐碱"三害"做斗争的过

程中，焦裕禄跑遍了120多个大队，行程达2500余公里，掌握了整治"三害"的第一手资料。他带领全县人民开展小面积翻淤压沙、翻淤压碱、封闭沙丘的试验，以点带面，全面铺开，总结出了整治"三害"的具体策略，还探索出了大规模栽种泡桐的方法。

长期劳累让焦裕禄积劳成疾，他的肝病不断恶化。但是即便到了肝癌晚期，他依然坚持工作。人们发现焦裕禄的衣服上第二、第三个扣子一直不扣，原来这样能方便他把手伸进去摁住肝部以减轻疼痛。1964年5月14日，焦裕禄因病逝世，年仅42岁。弥留之际，他向组织请求死后把自己埋在沙丘上，为的是能看着兰考人民把"三害"治理好。

焦裕禄用实际行动塑造了优秀共产党员和优秀县委书记的光辉形象，铸就了亲民爱民、艰苦奋斗、科学求实、迎难而上、无私奉献的"焦裕禄精神"，被誉为"县委书记的榜样"。

（四）诚实劳动

诚实劳动是对劳动者品德的客观要求，同时也是对劳动方式和劳动态度的具体要求。它凸显了劳动的本质属性，即劳动需要踏实、务实、真实和实效。

诚实劳动强调的是踏实态度。这意味着劳动者在工作中要有扎实的工作作风，应脚踏实地，认真地对待每一项工作，不怕苦、不怕累，不投机取巧、偷懒耍滑。只有这样才能保证工作的效率和质量。古人云："千里之行，始于足下。"任何事情的成功都离不开从基础做起，在点滴积累中实现质的飞跃。

诚实劳动倡导的是务实精神。这就要求人们在工作中以实际问题为导向，以解决实际问题为目标，不搞形式主义，不做无用功。要深入实际、深入基层，了解真实情况，找准工作的切入点和着力点。在中国的发展历程中，改革开放、脱贫攻坚等成功案例都是务实精神的体现。

诚实劳动要求的是真实行动。这不仅是对劳动者工作态度的要求，更是对人性品质的考验。在工作中，无论面临多大诱惑，我们都要立足本职、坚守本心。当困难和挑战出现时，我们应当勇于面对，坚持实事求是的原则，不说假话、不隐瞒真相，保持言行一致，以真实的行动完成工作任务。

诚实劳动强调的是实效目标。这就要求劳动者对自身职责有清晰而深刻的认识，明确自己的使命与方向。在繁忙的工作中，我们不仅要坚守岗位、尽职尽责，更要以追求卓越为动力，提升工作质量、效果和影响力，让每一分努力都能够转化为实实在在的劳动成果。

品牌故事

同仁堂：传承三百年的中华老字号

在全国各地，同仁堂药店的招牌随处可见。每当你从它门前走过，那副楹联"炮制虽繁必不敢省人工，品味虽贵必不敢减物力"，仿佛在向你诉说着一段历史和一个传统故事。这副楹联不仅是对消费者的郑重承诺，更是同仁堂药业屹立300多年、历经风雨却依然充满生机的奥秘所在。它见证了同仁堂从创立之初的艰辛奋斗，到现在成为行业翘楚的辉煌历史。

"炮制虽繁必不敢省人工"，表达了同仁堂对于药品制作过程的严谨态度。同仁堂深知，药品的质量与安全关乎人们的生命健康，因此，每一步的制作过程都必须精益求精，不能有丝毫马虎。无论是药材的精选、炮制，还是配方的研究，同仁堂都坚持用最好的人力去完成它。

"品味虽贵必不敢减物力"，体现了同仁堂对于药品价值的尊重。同仁堂明白，药品的价值不仅在于其功效，更在于其背后的品牌价值和文化底蕴。因此，无论药品的价格有多么高昂，同仁堂都不会降低其品质，以保证每一位消费者都能享受到最好的药品和服务。

这副楹联传承了同仁堂的精神内核，凝聚了一代代同仁堂人的辛勤努力和对医药事业的忠诚。他们用实际行动，诠释了什么是真正的"诚信经营"。正是这份独特的精神力量，使得同仁堂能够在激烈的市场竞争中脱颖而出，成为众多消费者值得信赖的品牌。

人民创造历史，劳动开创未来。实践告诉我们，伟大事业都始于梦想、基于创新、成于实干。只有崇尚劳动、热爱劳动、辛勤劳动、诚实劳动，人世间的美好梦想才能得以实现，发展中的各种难题才能得到破解，现代化建设的新辉煌才能铸就。

第二节 劳动精神的现实价值

劳动精神作为国民素质提升和国家经济社会发展的关键动力，对个人的全面成长和社会的持续进步具有不可或缺的作用。它不单是实现个人价值与潜能的基石，更是塑造社会面貌、推动国家繁荣的核心能量。

一、劳动精神促进个人成长

当今社会，劳动精神对个人成长的重要性显而易见，它促使人们在生产和生活中

能更好地发挥出自身的潜能。拥有劳动精神的人，会以更积极主动的态度投入工作，从而提高工作效率。同时，劳动精神还能增强个人自身的竞争力，让个人在激烈的职场竞争中脱颖而出。

（一）劳动精神有助于培养个人的自我管理能力

大学生在面临独立学习和生活的挑战时，需要学会有效地管理自己的时间、资源。而劳动精神可以为大学生提供一种指导思想和价值观，能帮助其培养良好的自我管理能力。

首先，劳动精神有助于培养计划能力。任何工作都需要有明晰的目标，并为实现目标制订详细的计划。大学生可以应用这种思维方式，制订每日、每周或每学期的学习计划，明确目标并制订相应的行动计划，有效地组织学习，从而提高学习效率。

其次，劳动精神有助于培养自律能力。自律是指在面对各种可能的选择和诱惑时，所具有的自我约束和控制的能力。通过培养劳动精神，大学生能够更好地管理自己的行为，避免拖延，杜绝浪费时间和精力的现象，以积极的态度去面对学习和生活中的各种挑战。

最后，劳动精神有助于培养健康的生活习惯。大学生在学习过程中需要保持良好的体力和精神状态，这就要求其建立良好的生活方式和习惯。在劳动精神的启迪下，大学生能更加自觉地追求健康的生活方式，包括养成合理饮食、规律作息、适度运动等良好习惯。这有助于维持其身心健康，进一步提高自我管理能力。

精神典范

曾国藩：中国自我管理第一人

曾国藩作为晚清第一名臣，以其独特的自律精神和严谨的治学态度闻名于世。他在修身养性上提出了一套严格的十二条自律规矩，并坚持了几十年，为后人树立了典范。这些规矩不仅包括保持心境平和、专注于事业，还要求时刻警惕内心的杂念，确保自己的行为始终符合道德准则。十二条自律规矩大体可以分为三部分，即生活上的自我约束、学习上的自我管理以及精神上的自我调整。

生活上，曾国藩立下了早睡早起、晚上不出门、节劳养神、节欲养精、节食养气等规矩，由此形成良好的生活规律，使身体和精神都能得到充分的休息和恢复。学习上，他规定自己每天要读十页书、写读书笔记，每月写几篇长文等，以培养学习习惯，提高知识水平。精神上，曾国藩要求自己严肃认真、谨言慎行，在面对困难和挑战时，始终保持冷静和理智。

在当今社会，诱惑和挑战无处不在。如何在这样的环境中坚守道德底线，保持清醒的头脑，是我们每个人都需要面对的问题。曾国藩的自律精神为我们提供了重要参考和借鉴方向。他的事迹提醒我们，只有通过严格的自我管理，才能在纷繁复杂的世界中保持坚定的信念和正确的方向，实现个人的成长与进步。

（二）劳动精神有助于增强个人的社会责任感

在这个瞬息万变的社会，劳动不仅仅是一种生存的必要手段，更是一种社会责任和义务。大学生作为社会的中坚力量以及未来社会的建设者和接班人，不仅需要关注个人的成长和发展，更应该将视线投向他人和社会的需求及利益方面。

劳动精神是一种既强调个人努力和奋斗，又倡导为社会做贡献的精神。它能让个人意识到自己在社会中的作用和责任，明白自己的努力不仅是为了自身的利益，更是为了社会的发展和进步。在面对生活中的困难和挑战时，劳动精神赋予大学生更多的勇气和决心去克服，从而实现自我价值和社会价值的双重提升。

劳动精神是一种宝贵的品质，对培养个人的责任感和使命感起着至关重要的作用。个人通过劳动和奋斗，能意识到自己对社会的责任和义务，从而积极参与公益事业、社区服务和志愿者活动，愿意为社会发展付出努力。他们会关注和解决社会问题，努力提升社会的整体福祉。

劳动精神还强调个人的诚信和道德原则。劳动精神的核心价值之一是自律和诚实，个人通过劳动能培养高尚的品德和道德观念。这使得个人在社会中具有较高的道德标准和责任感，注重公平、正义和诚信，并能主动承担起自己的社会责任。

精神典范

雷锋：一颗永不生锈的螺丝钉

雷锋，一位平凡却又伟大的中国人民解放军战士。他的一生虽然短暂，却用无数个感人至深的故事，谱写了不朽的传奇。他用实际行动生动诠释了"为人民服务"的崇高精神，成为一座永恒的精神丰碑。

雷锋出生在一个贫困的农村家庭，在父母的言传身教下，自幼便养成了勤劳、诚实、善良等优良品质。参军后，他始终坚守初心，全心全意地投身到为人民服务的伟大事业中。在部队里，他勤奋工作，表现突出，积极参与各类社会实践活动，竭力帮助他人解决困难。

雷锋生前曾说："我要把有限的生命投入到无限的为人民服务中去。"这句话深刻地表达了他对于人生价值的追求和对人民利益的执着坚守。他的事迹被广泛传颂，成了全国人民心中的一面光辉旗帜。

虽然雷锋已经离开我们多年，但他的精神却永远镌刻在我们心中。为了纪念这位英雄，每年的3月5日被定为"学雷锋纪念日"。在这一天，全国各地的人们都会自发组织各种形式的志愿服务活动，以实际行动传承和弘扬雷锋精神，传播正能量。雷锋精神，就像一颗永不生锈的螺丝钉，紧紧地拧在时代的巨轮上，激励着一代又一代的中华儿女，为实现中华民族伟大复兴的中国梦而不懈奋斗。

（三）劳动精神有助于提升个人的心理健康水平

大学生课业繁重，容易产生一些心理方面的问题，进而对身心健康产生不利影响。而劳动精神传递的是一种积极向上的人生态度，能为大学生带来诸多益处。通过劳动，大学生可以感受到自己的付出和努力所带来的成就感和满足感，从而增强自信心和自尊心。这种心理支持不仅有助于缓解大学生的焦虑和抑郁情绪，还能提升个人的心理韧性，增强适应能力，使他们在面对困境时能保持"淡定"。

劳动精神是一种努力工作和坚持不懈的精神，它有利于培养个人在应对困难和挑战时的乐观态度，让个人体验到从容、坚定和自主的情绪状态，从而增强抗压能力和应对困难的能力。研究表明，积极情绪体验与劳动精神之间存在着相互促进的关系。当人们能够体验到积极的情绪，如喜悦、满足等时，就更有可能展现出高度的投入和承诺，以及对工作的热情和动力。

此外，劳动精神还强调个人的责任感、沟通能力和团队合作精神。这些特性有助于促进个人与他人的联系和交流。在工作中，个人需要与同事合作、沟通和共同解决问题。通过合理分配工作和承担责任，个人能够建立良好的人际关系，满足社交需求，这有助于心理健康的维护。

▶ 劳动精神促进个人成长

典型事例

生活和劳动疗法

美国的"农场生活体验"：在美国，越来越多的人开始关注农场生活体验。这种活动通常为期数周，参与者会学到耕种、养殖等技能。在农场里，人们可以亲身体验到户外劳动带来的身心愉悦。这种体验对减轻精神压力、增强身体素质有显著的"疗效"。许多人认为，通过农场生活体验，他们不仅能更好地了解食物的来源，还能享受到亲近自然的乐趣。

德国的"园艺疗法"：德国有一家名为"绿色诊所"的机构专门为"患者"提供园艺体验服务。在这里，"患者"可以亲手种植花草，观察植物生长的过程，感受大自然的美好。同时，他们也可以与其他"患者"交流心得体会，从而达到缓解焦虑、改善心情的效果。这种园艺疗法为许多人带来了实质性的帮助，并被广泛应用于心理健康领域。

以上两种疗法为人们提供了一种亲近自然、放松身心的方式。无论是农场生活体验还是园艺疗法，都能让人们在劳动中找到内心的宁静，缓解压力、改善心理健康。在快节奏的现代生活中，我们不妨尝试这些疗法，让自己的生活更加充实和有意义。

二、劳动精神推动社会发展

人类对自然世界的认识、改造和创造从未停止过。作为生产力的组成部分，劳动精神在各个时代都是社会发展的重要支撑力量之一，也是所有劳动者在生产生活中的精神基础，更是推动社会、经济、科技、文化进步的重要动力。

（一）劳动精神是推动经济发展的重要因素

劳动精神在提高劳动者的工作效率和工作质量方面起着关键性的作用。当劳动者展现出高度的劳动精神时，他们能够在更短的时间内完成更多的任务，这有助于企业提高生产效率，满足市场需求，推动企业实现良性发展。同时，劳动精神还有助于提高工作质量，使产品更优质、更具竞争力，让企业能在市场中获得良好的声誉，从而吸引更多消费者，进一步带动经济发展。

劳动精神还有助于降低生产和运营成本。一方面，通过提高劳动者的技能水平和工作积极性，企业可以减少人力成本和培训成本。另一方面，劳动者在工作中表现出的高度责任心和敬业精神，也有助于减少生产过程中的损耗，降低企业的运营成本，使企业在市场竞争中占据有利地位，从而获得更高的经济回报。

随着经济的发展和科技的飞速进步，各个行业都面临一场技术和经济的革新。在这种时代背景下，劳动精神的重要性愈发凸显。它能激发人们的创新思路，推动企业不断更新技术和业务模式。在中国，许多优秀企业凭借着劳动精神和创新能力，成功实现了从传统产业向高科技产业的转型，为其他行业和企业提供了宝贵借鉴。例如，华为公司作为全球领先的信息和通信技术解决方案提供商，以其卓越的技术创新能力，打破了传统的通信模式，引领了全球5G技术的发展。同样，阿里巴巴、腾讯等科技公司也凭借劳动精神和创新思维，从传统的互联网服务领域成功转型到云计算、大数据等高科技领域，成为全球知名的科技巨头。

品牌故事

瑞幸咖啡

瑞幸咖啡，作为中国较具规模的快速咖啡连锁品牌，自创立之初便深知培育劳动精神的重要性。为此，公司在对员工招聘、薪酬制度设计以及培训等方面投入了大量的资源，意在激发员工的爱岗敬业精神、团结协作能力和追求卓越的工作热情。

在瑞幸咖啡的日常运营中，员工们严格遵守操作规程，精心制作食品，并细致检查每一个产品，确保其新鲜度，以满足消费者的需求。他们以分秒必争的态度应对同行之间的激烈竞争，不断优化工作流程，提高工作效率，以期为消费者提供更为优质的服务。这种对工作的热爱和专注，使得瑞幸咖啡在短时间内实现了快速的发展，并成为中国最具竞争力的咖啡零售品牌之一。

瑞幸咖啡的成功离不开每一位员工的努力和奉献。他们的专业精神和敬业态度为瑞幸咖啡的快速发展提供了强大的动力，也为公司赢得了良好的声誉。

（二）劳动精神是促进社会建设的重要支柱

在一个洋溢着劳动精神的社会里，每个人都怀揣着对自我价值实现的热切追求，同时也能深刻感知到自己对团队、家庭和社区的责任与担当。无论是勤勉工作、默默奉献，还是邻里守望、互帮互助，这些行为都如同磁石般吸引着人们的心灵，汇聚成一股强大的社会凝聚力和向心力，为社会的稳定与发展奠定了坚实的基础。

劳动精神的广泛传播，不仅塑造了人们对待劳动的正确态度，更在无形之中深化了人们对劳动价值的认知。劳动不仅是满足生存的手段，更是一种对社会的贡献。正是这种思想和价值的传承，让我们能更加清晰地认识到自我与社会的关系并非孤立存在，而是相互依存、相互促进的关系。个人的成长与社会的进步是紧密相连的，每个人的努力与付出，都将在社会的大潮中汇聚成磅礴的伟力，推动着国家不断向前发展。

劳动精神的传承与弘扬还在潜移默化中培养了人们的爱国主义、奉献精神和集体主义等优良品质。这些品质如同璀璨的星辰，照亮我们前行的道路，使我们在面对生活的挑战与困难时，能够坚守初心、砥砺前行。

为了更好地倡导和践行劳动精神，中国政府和社会各界都在积极努力。政府通过制定并实施一系列政策措施，鼓励人们创新创业，为广大劳动者提供了广阔的舞台和更多的机遇。社会各界也通过举办各种志愿服务活动，引导人们积极参与社会建设，共同为社会的和谐与发展贡献力量。

> 典型
> 事例

北京大兴国际机场

4500亿投资、70万平方米航站楼面积、"三纵一横"四跑道系统，远期规划年旅客吞吐量1亿人次以上、年货邮吞吐量400万吨、飞机起降88万架次。北京大兴国际机场创造了40余项国际、国内第一，技术专利103项，新工法65项，国产化率达98%以上，[①]英国《卫报》(The Guardian)称其为"新世界七大奇迹之首"。

大兴机场工程建设难度世界少有，采用了创新性的建筑理念和方法。机场航站楼是世界首个实现高铁下穿的航站楼，双层出发车道是世界首创。航站楼也是世界最大单体隔震建筑，建设了世界最大单块混凝土板，可抵抗12级台风、里氏8级地震。

从开工到落成，历时四年半，大兴国际机场从一片农地林地中拔地而起，成为北京的新地标。其背后是无数建设者夜以继日、不知疲倦地辛勤工作。据统计，参与机场施工的单位有近千家，建设高峰时期仅施工人员就超过5万人，[②]他们用汗水和智慧全过程保持了"安全生产零事故"，全面实现了廉洁工程目标。

大兴机场的建设，不仅增加了大量的就业机会，更让我国航空运输的效率得到大幅度提升，为商贸往来、文化交流、旅游观光等方面带来了便利。

（三）劳动精神是推进科技进步的重要动力

在日新月异的现代社会，科技创新无疑是推动各行各业发展的核心引擎，其重要性显而易见。在这一进程中，劳动者的辛勤付出和不懈努力起着至关重要的作用。他们勇于挑战自我，追求卓越，通过不断探索和实践，积累了丰富的知识和技能，为科技创新提供了不竭的动力，并推动了创新的广泛传播和应用。

劳动精神在科技创新中的体现，不仅仅是在技能层面的单纯提升，而是更深层次地表现在对知识的持续渴求与灵活应用上。具有劳动精神的人，内心深处始终燃烧着对新知识的渴望与热情。他们不断学习、吸收新知识，将理论知识与实际操作相结合，力求科技创新能够不断取得新突破。

劳动精神也鼓励着人们勇于探索未知领域，敢于挑战传统观念。在现实生活中，我们见证了无数科技工作者以劳动精神为指引，在科技创新的道路上不断前行。他们

---

① 朱竞若，赵展慧，贺勇.北京大兴国际机场正式通航[EB/OL].（2019-09-26）[2024-05-01].https://www.gov.cn/xinwen/2019/09/26/content_5433241.htm.
② 王剑英.大兴机场建设者："冲上去，啃下来"[EB/OL].（2019-12-09）[2024-05-01].https://baijiahao.baidu.com/s?id=1652429852903404504&wfr=spider&for=pc.

日夜奋战在实验室里，不断尝试、探索，努力寻找能够推动科技进步的关键点。这种坚持和付出，让我们看到了科技创新存在无限可能。

自古以来，中华民族就深深根植着一种坚韧不拔、自强不息的精神，这种精神被称为"人定胜天"的信念。它不仅仅是一种对自然规律的挑战，更是一种对自我潜能的无限挖掘和超越。这种信念激励着一代代劳动者在科技创新的道路上不断前行，为国家的科技创新与发展奠定了坚实的基础。

近年来，中国政府大力支持科技创新，鼓励企业加大研发投入，并采取了一系列有力措施推动其发展，培育了一批具有国际竞争力的科技企业。同时，中国的高校和科研机构也在积极与企业合作，共同推动科技成果的转化与应用，助力中国经济持续增长。

品牌故事

比亚迪汽车

比亚迪股份有限公司（以下简称"比亚迪"）成立于1995年，是一家致力于"用技术创新，满足人们对美好生活的向往"的高新技术企业，业务涵盖电子、汽车、新能源和轨道交通等领域。2023年上半年，比亚迪凭借出色的产品质量、技术创新和市场拓展能力，成功登上全球新能源汽车销量冠军的宝座。

作为中国新能源汽车行业的领军企业，比亚迪始终秉承"用技术创新，满足人们对美好生活的向往"的品牌理念，不断加大研发投入，在技术前沿潜心耕耘。已建立了11大研究院，全球累计申请专利超4万项、授权专利超2.8万项。凭借雄厚的研发实力和创新的发展模式，比亚迪在电池技术、电机技术、智能驾驶技术等关键领域取得了重大突破，不仅有效提升了比亚迪新能源汽车的性能和品质，还推动了整个行业的发展和进步。

近年来，比亚迪积极探索新能源汽车在智能化、网联化、共享化等领域的应用，通过不断推出颠覆性的创新技术和解决方案，为新能源汽车行业的发展注入了新的活力。2020年，比亚迪"高集成刀片动力电池技术"获得"全球新能源汽车创新技术"大奖；2022年入选福布斯中国发布的"2022中国创新力企业50强"。

（四）劳动精神是增强文化自信的重要源泉

劳动是中华民族的骄傲与自信，更是中国社会发展的不竭动力。在几千年的文明史中，中国人民凭借勤劳、勇敢、自强不息的精神，创造了辉煌的中华文明，为世界文化宝库增添了无数珍贵的财富。从古至今，中国人民始终将劳动视为一种崇高的事业，将自己的生命与大地上的一切事物紧密相连，不断开拓进取、追求卓越。正是这种深厚的劳动精神，承载着一个民族的智慧和创造力，展现着一个国家的力量和魅力。

中国是一个拥有悠久历史的国家，从古代的农耕文明到现代的工业文明，劳动始终贯穿于社会发展的脉络。无论是以农事为生，被人们孜孜不倦耕耘着的土地；还是以匠心为业，被人们精益求精创造出的精美艺术品，都体现出了中国人民对劳动的崇尚和热爱。这种以劳动为基础的文化传统，已深深融入中国人的血脉，成为中华文化源远流长、历久弥新的重要支撑。

劳动者以自己的双手创造出了许多令世人惊叹的奇迹。在许多领域，中国人民都展现出了无尽的创造力和智慧，创造出了许多独具匠心和精湛实用的技艺，留下了诸多传世之作。无论是昆曲、京剧这样的传统艺术，还是高铁、电子科技这样的现代化产业，都凝聚着劳动者的心血和智慧，一步步将中国的文化和科技推向了世界舞台，赢得了国际社会的赞誉和尊重。

典型事例

中国剪纸艺术

剪纸作为一种历史悠久的中国民间艺术，承载着丰富的文化内涵和精湛的手工技艺。它不仅在中国各地广泛流传，还成了中国文化对外交流的重要载体，充分展示了中华民族的智慧与审美。

剪纸艺术的独特之处在于对细节的极致追求。艺术家们凭借简单的工具——剪刀和纸张，运用巧妙的剪裁技巧，创作出栩栩如生的动物、繁复精致的花卉以及各种寓意吉祥的传统图样。这些作品不只是带来视觉上的享受，更蕴含了深厚的文化象征和美好的祝愿。

随着时代的发展，剪纸艺术也在不断地吸收新的元素和技术，为这一传统艺术注入新的生命力。现代艺术家们在保留传统剪纸技法的基础上，融入了现代设计理念，创作出更多符合现代人审美的作品。这使剪纸艺术的表现形式更加多样化，也更容易被世界各地的人们所接受和喜爱。

在社会文化呈现多元化的今天，重视中华优秀传统文化的传承与优秀技艺的推广，已成为人类文明交流中值得追求的共同目标。近年来，在文化交流活动中，出现了越来越多的以传统剪纸为代表的中国传统文化艺术，其认同度也在不断提高。这些传统艺术中体现出的劳动精神，传达了中国文化所具备的精髓和深度，对于增强国家文化自信有着重要意义。

在人类社会的发展历程中，无论是物质财富还是精神财富，都离不开劳动的创造。正如中国的航天事业，从"神舟"问天，到"嫦娥"落月，再到"祝融"探火，一系列重大成就的取得，一个关键的原因就在于广大航天人的勤学钻研和精益求精。正是他们不断探索、勇于创新，才使得中国航天事业取得如此辉煌的成就。

从过去"一辆汽车、一架飞机、一辆坦克、一辆拖拉机都不能造",到现在构建起门类齐全、完整的工业体系,背后凝聚的是一代又一代产业工人的持续付出和辛勤努力。他们用汗水浇灌着希望,用智慧和力量推动着中国社会的进步。

劳动创造价值,这是任何国家在任何发展阶段都必须崇尚的理念。全面建设社会主义现代化国家,根本上靠的是劳动和劳动者的创造力。亿万劳动人民爱岗敬业、勤奋工作,锐意进取、勇于创造,定能在新征程上闯出新天地、干出新业绩,不断谱写新时代的劳动者之歌。

第三节 大学生劳动精神的培育路径

随着社会的不断进步和发展,劳动精神已成为人们评价一个人综合素质的重要标准之一。大学生作为国家未来的栋梁之材,尤其应该在学习、生活和社会实践中培养并弘扬劳动精神,为实现中华民族伟大复兴的中国梦贡献自己的力量。

一、培养劳动意识和劳动习惯

正确领悟劳动的深远价值对大学生而言是至关重要的。劳动不仅是人类社会持续发展的关键途径,更是构成个体自我价值的重要维度。通过劳动,大学生能够深切感受到个人在生产与服务中的作用,认识到自己的努力能对社会产生正面影响,从而增强自我参与的积极性和自觉性,以更加饱满的热情去达成既定的工作目标。

养成良好的劳动习惯对提升工作效率和个人综合素质有着显著作用,同时也有助于塑造积极的自我形象,进一步增强个人的自信心和社会竞争力。例如,主动投身劳动、保持高度责任感、勇于面对辛劳且不回避任何职责,这些都是形成良好劳动习惯的前提条件。一旦这些习惯在日复一日的工作中养成,便会成为自身宝贵的财富,并将伴随整个职业生涯,对未来的发展产生持久的正向影响。

大学阶段是个人成长的关键时期,也是塑造工作态度和职业精神的重要阶段。然而,当前一些大学生在实际生活中回避基础劳动,这不仅限制了他们个人潜能的发挥,还错失了宝贵的成长机会。为此,大学生应根据自身的特点和需求,探索生活与劳动的和谐结合,找到这两者之间的平衡点。这不仅能满足生活需求,还能让其在劳动中不断挖掘自身潜能,增强劳动技能,实现自身成长。

二、参与社会实践和志愿服务

积极参与社会实践和志愿服务活动是大学生培育劳动精神、实现全面发展的重要路径。在日新月异的现代社会,单纯依靠书本知识和专业技能已无法满足复杂的职场需求，而实际应用能力、团队合作精神以及良好的劳动素养等条件，已成为大学生迈向成功职业生涯不可或缺的资质。

具体而言，通过参与各类社会实践活动和志愿服务项目，大学生能够将理论知识与实际经验相结合，有效弥补了理论学习与现实操作之间的差距。通过实践的亲身体验，大学生不仅开阔了视野，加深了对社会的理解和对工作的直观感受，还锻炼了制定决策和解决问题的能力。在这个过程中，大学生不仅能够将所学知识应用于实际情景，还能够通过实践的反馈，进一步优化和调整自己的知识和技能结构。同时，他们也能带着丰富的实证材料回到学术研究中，使成果更贴近实际、更具说服力。

此外，社会实践和志愿服务的经历还能提高大学生的社会责任感和解决复杂问题的能力。通过与多元社群的互动和应对各种挑战，学生们学会了如何将理论知识与现实情景相结合，从而增强批判性思维和提高解决问题的能力。研究显示，相较于那些没有参与过实践活动的学生，积极参与者通常表现得更为成熟、自信，并且更具前瞻性。这些累积的优势使他们在就业市场上更具吸引力，并有可能在未来成为某领域的领导者。

> **典型事例**
>
> **大学生暑期社会实践"三下乡"活动**
>
> 大学生"三下乡"是指"文化、科技、卫生"下乡，这是各高校在暑期开展的一项旨在提高大学生综合素质的社会实践活动。活动成员以志愿者的身份深入农村，传播先进文化和科技，体验基层民众生活，调研基层社会现状。通过一系列实践活动，以期提高大学生的社会实践能力和思想认识，同时为基层群众提供更多的服务。活动主要有以下几种方式：
>
> 一是加强教育和文化传承。大学生需结合当地的实际情况和需求，制定并开展一些教育和文化传承项目，如开设文化课堂、宣传传统文化、进行义务教育支教等，为当地的教育和文化积淀做出贡献。
>
> 二是促进科技创新和信息普及。大学生为当地居民提供科技支持，例如开展与大数据、扶贫、环保、绿色农业等相关的科技服务，帮助人们解决实际问题，推动当地经济和社会的发展。
>
> 三是开展社会服务和公益行动。大学生可以举办一些公益活动，如义务劳动、帮扶留守儿童、举办文化演出、提供咨询服务等，为当地社区提供有意义、有价值的社会服务。
>
> 近年来，"三下乡"活动受到高校和社会的广泛关注与支持，在各省份都得到了广泛的开展。"三下乡"活动为大学生提供了一个深入了解社会、锻炼自身能力的平台，同时也为农村地区带来了新的活力和希望。

三、科学合理地规划学习生活

科学合理地规划学习与生活是培养和强化劳动精神的一个关键方面，它不仅关乎大学生如何高效学习，还涉及如何充分挖掘和利用个人潜力与才智。

学习效率是衡量学习成果的重要指标之一，是指在同等时间条件下完成学习任务的速度快慢和质量高低。为了提高学习效率，大学生需要制订合理的学习计划，确保学习时间和休息时间合理分配。事实证明，明确自己的学习任务和时间安排后，大学生可以更加自信地面对挑战，减少焦虑情绪，从而保持身心健康的状态。

科学的生活规划对培养个人的独立性和自我管理能力至关重要。这一过程要求大学生具备出色的自我控制能力，以及足够的耐心和毅力来处理生活中的各种琐事。此外，还应具备合理的规划能力和高效的执行能力，这能帮助我们更好地把握生活节奏，最大限度地利用好每一个时刻，从而在生活和工作中实现更高的效能。

科学规划学习和生活还能帮助大学生更好地规划自己的职业生涯。在大学期间，学生应为未来的职业发展做好充分的准备，具体包括了解自己的优势、调整学习和发展方向、制订职业规划和发展计划，并通过实践不断提高自身的职业素养和专业水平。只有在这个基础上，才能更好地实现自身的职业发展，走向事业和人生的高峰。

四、保持充分自信和乐观心态

自信作为个体对自身能力和潜力的坚定信任，对大学生在学习和工作中的表现具有至关重要的影响。它不仅能够激发学生敢于尝试新事物的勇气，还能增强其面对困难时的动力和信心。

研究显示，自信心与学业表现呈显著正相关。具备高自信的大学生往往更热爱学习，在学业上能取得更为优异的成绩。他们通常表现出更强的学习动力，对知识的掌握也更为深入。而在职场环境中，自信同样发挥着关键性的作用。自信的员工更容易应对挑战和压力，他们在面对困难时展现出的坚韧和决心，往往使他们能在工作中取得出色的成绩。

除了自信，积极乐观的心态也是维持高效工作状态的关键因素。它有助于减少负面情绪，从而增强个体的适应能力和应对问题的能力。一些不健康的工作习惯，如拖延、过度的压力和低下的工作效率，往往会使人失去继续努力的动力，引发疲劳和情绪低落。而保持乐观的心态，可以帮助个体更好地应对这些压力和挑战，减小或避免它们带来的负面影响。

研究指出，积极心态可以帮助人们保持身体、心理上的各种营养状态，提高他们的抗压能力，使其身心健康。良好的心态会激励个体产生好的思路和启示，从而更好地适应和应对各种工作和学习场景。一项针对医院护士的研究发现，压力管理和积极情绪的培养，显著提高了护士的工作满意度和护理品质。

精神典范

> **任正非：一个真正的乐观主义者**
>
> 在这个风云变幻的时代，有一位企业家以其坚定的信念和乐观主义精神，成为全球瞩目的焦点，他就是华为公司的创始人兼总裁任正非。面对一系列挑战，任正非始终保持积极向上的态度，努力为全球消费者带来更为优质的产品和服务。
>
> 任正非的乐观主义精神源于他对科技的热爱和对未来的信心。他曾表示，"我们的目标是成为全球最值得信赖的信息通信技术解决方案供应商"。为了实现这一目标，华为在5G、人工智能等领域持续投入研发经费，力求为全球用户提供更便捷、高效的通信体验。正是这种对科技进步的信仰和追求，使得任正非在面对困境时，依然能够保持乐观的心态。
>
> 面对西方的制裁，任正非并未选择屈服，而是积极寻求解决方案。他鼓励华为员工，"我们不能因为外部环境的变化而改变自己的发展方向。我们要继续坚持创新，为客户提供更好的产品和服务"。在这种乐观主义精神的指引下，华为员工展现出了无比强大的凝聚力和战斗力，他们不断优化产品性能，提高服务质量，最终赢得了全球用户的信任和支持。
>
> 任正非的乐观主义精神不仅感染着华为员工，也感染着整个社会。在中国政府的支持下，华为积极应对挑战，参与国际合作，推动全球5G网络的建设和发展，不仅维护了国家的利益和形象，也为人类科技进步做出了巨大的贡献。

五、增强挑战意识和抗压能力

在当今快速发展的社会中，变化是不可避免的现实。个体应对变化的方式直接影响着其在工作和生活中的成功概率。诸多研究表明，具有强大劳动精神的个体更能适应变化、超越挑战。他们能够接受并理解变化所带来的挑战，灵活调整自己的思维模式和行动方案，从而更好地适应不断变化的环境。

作为大学生，我们不仅需要勤奋、自律等良好品质，还需要勇于接受挑战、永不气馁的坚强毅力。面对挑战时，我们应该采取正面思考，展现积极的应对态度，避免因心态问题而崩溃或放弃。我们要勇于尝试，通过学习、实践等方式不断挑战自己的极限，提高自身的能力水平。

经历过挑战和压力的个体，往往比未经历者更容易体验到成长和发展带来的积极效果。从经历"成长危机"中恢复的个体，在未来的挑战中更可能表现得更有创新力、更加坚韧。因此，我们应该珍视生命中所遇到的每一次挑战和压力，并将其视为成长和发展的机遇。

在人生的舞台上，每个人都会遭遇各种困难。若能拥有强大的内心，便犹如在茫茫大海中航行的指南针，它不仅能给予我们勇气和力量，还能引领我们在逆境中勇往直前。无数先辈的经历与智慧告诉我们，无论是在追逐梦想的征途上，还是面对人生挑战的时刻，唯有那些具有刚强坚毅品质、不畏艰难、勇往直前的人，才能在逆风中不断前行，穿越层层障碍与困难，最终抵达胜利的彼岸。

> **典型事例**
>
> **霍金：与命运抗争一生的伟大物理学家**
>
> 斯蒂芬·霍金，这位被誉为继爱因斯坦后最杰出的理论物理学家，以其卓越的学术成就和坚韧不拔的精神品质，赢得了世人的敬仰。然而，霍金的生活并非一帆风顺，21岁时，他被诊断出患有罕见且致命的神经退行性疾病——肌萎缩侧索硬化症（amyotrophic lateral sclerosis，ALS）。这种疾病以惊人的速度侵蚀着他的身体，致使他逐渐丧失了行动能力和语言能力。
>
> 面对如此严峻的挑战，霍金并未向命运低头，而是勇敢地迎接困难，继续执着地追寻宇宙奥秘。霍金的研究领域广泛，涵盖引力理论、量子力学和黑洞等。特别是《时间简史》《果壳中的宇宙》等畅销书的问世后，他向世人普及了宇宙学的基本知识和原理。他的理论和发现，不仅推动了科学的进步，也激发了无数人对未知世界的好奇心和探索欲。
>
> 霍金的一生，充满挑战和奋斗。他用自己的行动，证明了人类的精神力量是无穷无尽的。他的坚持和勇气，将永远激励着人们去追求知识、探索未知，去勇敢地克服生活中的重重困难。

劳动精神的培养是一个长期而复杂的过程，这需要我们从日常生活中的点滴做起，逐步形成良好的习惯和品质。每个人都应该珍惜劳动成果，尊重劳动者。只有把劳动当作一种美德、一种责任、一种追求，我们才能真正领悟到劳动的价值所在，深切体会到劳动所带来的快乐，尽情享受劳动的成果。

▶ 大学生劳动精神的培育路径

Chapter 3

第三章

劳动教育的形式与载体

大 学 生 劳 动 教 育

劳动创造人生，劳动创造美好生活。人只有积极参与劳动，体验劳动过程，在劳动中发现自我、发掘自身潜质、发展自身能力，在劳动中建立与外部世界的联系，才有可能更好地认识世界、改造世界，进而创造美好人生。习近平总书记指出，"生活靠劳动创造，人生也靠劳动创造"[①]。劳动对人的发展及创造美好生活的意义不言而喻。鼓励大中小学生热爱劳动，在大中小学生中开展劳动教育已成为我国当下教育改革发展的重要内容。2020年，中共中央、国务院印发的《关于全面加强新时代大中小学劳动教育的意见》提出，为构建德智体美劳全面培养的教育体系，现就加强新时代大中小学劳动教育提出如下意见：一是充分认识新时代培养社会主义建设者和接班人对加强劳动教育的新要求；二是全面构建体现时代特征的劳动教育体系；三是广泛开展劳动教育实践活动；四是着力提升劳动教育支撑保障能力；五是切实加强劳动教育的组织实施。

第一节 生活性劳动

一、家庭生活劳动

家庭生活劳动是家庭成员为了维持正常生活而付出的没有任何经济报酬的劳动，属于无偿劳动。具体的家庭生活劳动一般包括家庭管理、衣物和鞋类的打理、住宅及周围场所的清洁和维修、提供食物、照顾儿童等。通过参与这些劳动，大学生可以在实践中提升劳动素养，形成积极的劳动态度，培养良好的劳动习惯，践行自觉劳动、热爱劳动的精神，为将来的职业发展奠定良好的基础。

（一）衣物熨烫收纳

1. 衣物熨烫使用技巧

（1）熨烫步骤（以蒸汽熨烫机为例）

①在熨烫机内注水。向熨烫机内灌注冷开水，可以减少水垢的产生，防止喷气孔堵塞。

②选择合适的温度。熨烫机上一般设有调节温度的旋钮，使用时，根据衣物的材质选择不同的温度，也可根据衣物标签上的熨烫标识选取合适的温度。常见熨烫标识及含义见图3-1。

---

① 赵娴娜，黄超，吴月."努力做祖国和人民需要的好孩子"——习近平总书记这样寄语少年儿童[N]. 人民日报，2022-05-31（1）.

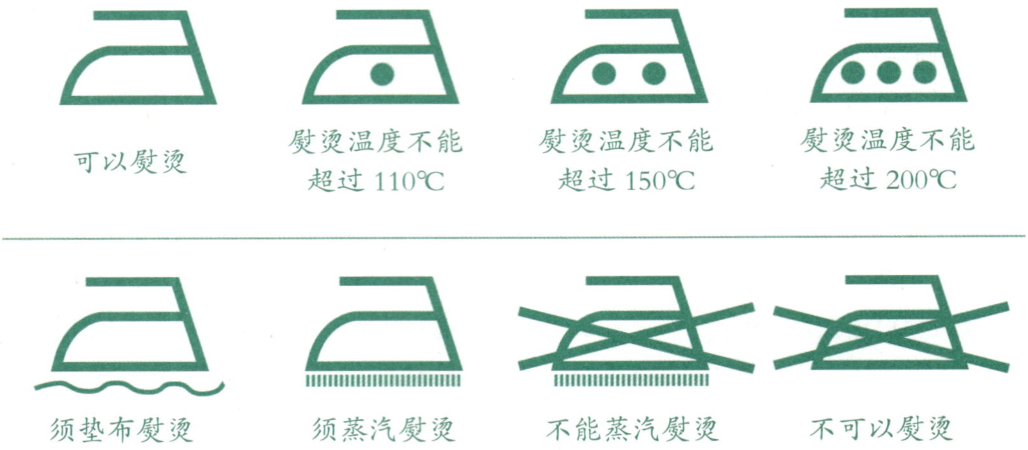

可以熨烫	熨烫温度不能超过110℃	熨烫温度不能超过150℃	熨烫温度不能超过200℃
须垫布熨烫	须蒸汽熨烫	不能蒸汽熨烫	不可以熨烫

图 3-1　常见熨烫标识及含义

③进行熨烫。在熨烫过程中，应保持衣物平整，以免熨烫后衣物再次出现褶皱。同时，在水温达到所调温度后再开始熨烫，因为温度条件不够时无法形成水蒸气。

④熨烫完的衣服先挂在通风处，待衣服完全干透之后再收进衣柜，以防衣物发霉。

（2）不同布料衣物的熨烫方法

①棉麻衣物的熨烫方法。

熨烫温度：160～200℃。

熨烫手法：动作要敏捷，但不能过快；往返熨烫次数不宜过多，用力不宜过猛；熨烫浅色棉麻织品时，应保持匀速，防止衣料发黄。

②丝质衣物的熨烫方法。

熨烫温度：10～120℃。丝质衣物需低温熨烫，过高的温度容易导致衣物褪色、收缩软化、变形，严重时会损坏衣物。

熨烫手法：垫布熨烫或熨烫衣物反面；熨烫时，熨烫机要不断移动位置，不能在一个地方停留过久，以免产生烙印水渍，影响衣物的美观度。

③皮衣的熨烫方法。

熨烫温度：80℃以下。

熨烫手法：垫干燥的薄棉布进行熨烫；熨烫时，用力要轻，以防烫损皮革。

④毛织衣物的熨烫方法。

熨烫温度：薄款150℃以下，厚款200℃以下。

熨烫手法：先将湿布盖在衣服上，再进行熨烫；熨烫时，熨烫机应平稳地在衣服上移动，不宜移动过快。

⑤合成纤维衣物的熨烫方法。

合成纤维种类繁多，不同的合成纤维衣物耐热程度各不相同。初次熨烫前，可先找衣物里不明显的部位进行试熨，掌握适合的熨烫温度后再进行大面积熨烫。

2. 整理收纳衣物

（1）折叠衣物

①折叠衬衣。系上纽扣→前身朝下、后背朝上，抚平对正→以纽扣为中心，等距离将衣身两边向中间对折抚平→袖子折进两折，向下转→下摆向上折，翻过来使衬衣正面朝上→整理抚平。

②折叠西裤。拉上拉链、扣上扣子→从裤脚处将四条裤缝对齐→将两条中线对齐，用手抚平→从裤脚至裤腰处对折、再对折。

③折叠无中缝的休闲裤。拉上拉链、扣上扣子→从裤裆处将两条裤腿对折抚平→从裤腿到裤腰依次对折两次。

④折叠秋衣、秋裤。各类睡衣、背心、内衣裤的折叠方法可参照衬衣、裤子的折叠方法。

⑤折叠羽绒服。拉上拉链、扣上扣子→平摊、抚平→左右衣袖平行交叠在胸前→从下方将衣身向上折叠至所需大小→双手慢慢挤压出羽绒服内的空气。

⑥折叠棉被、毛毯。将棉被、毛毯按长度上下对折三次，然后从一端卷向另一端，卷起时要用力，避免松散。这种折叠方法占用的空间小。如果空间允许，还可将棉被、毛毯沿长度上下对折三次，然后从两端向内折叠为方块状。

（2）摆放衣物

①西服。西服上衣是立体剪裁的，不宜抚平，尤其是肩部圆阔度受挤压后会影响美观度。因此，挂放西服上衣时，要选用两端宽阔的衣撑，以免肩部变形。西服裤子在存放时，可用带夹子的衣撑夹着折叠好的裤脚悬垂挂放，也可将四条裤缝对齐后横挂于衣撑上或折叠后存放于衣橱内。过季不穿的西服要用专用衣罩罩起来，挂在衣橱内，以保持西服的干净整洁。

②丝绸衣物。丝绸衣物要洗净晾干，最好先熨烫一遍，再收入衣橱。这类衣物易生虫、发霉、变色，且怕挤压，可放在其他衣物上层或用衣撑挂起，适当放些防虫药剂（用白纸包好）。

③针织类衣物。针织类衣物适宜折叠后摆放而不宜挂放。围巾可折叠或卷起来摆放。袜子要成双成对摆放，可将两只袜子整齐地折叠在一起，从脚尖处向上卷起，然后翻起袜口将两只袜子包在其中。

④羽绒服。羽绒服要拉上拉链，扣上扣子，平摊、抚平，按羽绒服折叠方法折叠后放入衣柜，可在衣服内放置3～5粒用白纸包好的樟脑球。

⑤棉衣。棉衣要扣上扣子，平推、抚平，左右衣袖平行交叠在胸前，从下方向衣身折叠至所需要的大小，放入衣柜。棉衣容易受热生霉，必须拆洗干净、晒干晾凉后，再放入衣柜。此外，衣柜里还要放3～5粒用白纸包好的樟脑球。

⑥棉被、毛毯。这类物品视存放空间需求，按棉被、毛毯的折叠方法折叠成合适的体积摆放。棉被、毛毯吸湿性强，可先装入塑料包装袋中，再放入衣柜（每床棉被、

毛毯内均应放入数粒用白纸包好的樟脑球）。

⑦毛呢、毛料衣物。这类衣服应挂在宽型衣撑上，并用专用衣罩罩起来悬挂在衣柜内。毛呢衣物怕挤压、怕虫蛀，故可在衣物内放置数粒用白纸包好的樟脑球。

⑧毛皮衣物。这类衣物应先挂在通风凉爽处晾干，用光滑的小竹竿敲打皮面以除去灰尘。然后将皮板铺平，理顺皮毛，最后将毛里对毛里折叠起来，用布包好装进塑料包装袋中，放入衣柜。毛皮衣物怕潮湿、怕高温、易生虫，包装时可在毛里处放几粒用白纸包好的樟脑球。尽量在天气转暖不穿时及时收放。

3.收纳鞋帽

存放鞋时，应在保养或洗刷后，用鞋撑或纸团撑起鞋内空间，再把鞋放入鞋盒。布鞋晒干后可直接放入鞋盒；毛绒里皮棉鞋存放时，应在鞋内放入数粒用白纸包好的樟脑球。针织帽子洗净晒干后可直接存放在衣柜内，呢质、挺括的帽子应挂放在衣柜内，必要时可用物品对其进行填充，以防帽子变形。

（二）日常生活清洁

1.家具清洁

家具上有灰尘时，不要用鸡毛掸子之类的工具来打扫，因为飞扬的灰尘会重新落到家具上，应该用半干半湿的抹布抹除灰尘，这样才会抹干净。

对家具进行清洁保养时，一定要确定所用的抹布是否干净。在清洁或拭去灰尘后，一定要将抹布翻面或者换一块干净的抹布再擦拭。此外，应选对家具护理剂。要想维持家具原有的亮度，可以用家具护理喷蜡和清洁保养剂等家具保养品。其中，护理喷蜡主要针对各种木质、聚酯、油漆、防火胶板等材质的家具；清洁保养剂则适用于各种木质、玻璃、合成木或美耐板等材质的家具，尤其适用于混合材质的家具。抹布使用完后，切记要将其洗净晾干。对于带有布料材质的家具，如布艺沙发、休闲靠垫等，可以使用清洁地毯的清洁保养剂。使用时，先用吸尘器吸除灰尘，再将少量的地毯清洁剂喷在湿布上，擦拭即可。

2.常用家电清洁

（1）电视清洁。液晶屏是液晶电视的核心部件，自然是日常清洁的重点。可使用柔软的布沾少许玻璃清洁剂轻轻擦拭，但擦拭时力度要轻，否则屏幕会因此而损坏。不要使用酒精一类的化学溶液，也不要用硬质毛巾擦洗屏幕表面，以免将屏幕表面擦起毛，进而影响显示效果。不使用电视时，请关闭显示屏（不仅限于遥控器的关闭状态），以防止灰尘堆积。同时，不要用指尖（经常对屏幕点触）或尖物在屏幕上滑动，以免划伤表面。另外，使用环境要保持干燥，且应远离化学药品。

（2）电冰箱清洁。电冰箱需安排单独电源线路并使用专用插座，不可与多个其他电器合用一个插座，否则容易造成不良事故。正确安放电冰箱时，不能距离火炉、暖气片等热源过近，同时应避免阳光直接照射；应摆放在不潮湿且通风良好的地方。冰箱背部应离墙 10 厘米以上，顶部应有 30 厘米以上的高度空间，四周不应放置过多的杂物；应摆放在地面平稳的地方，否则当压缩机启动时会产生振动并发出很大噪声，长期如此会缩短电冰箱的使用寿命。冰箱上下部不应该摆放重物或过多杂物，尤其不能摆放其他电器。

（3）洗衣机清洁。一般新买的洗衣机在使用半年后，每隔 3 个月都应用洗衣机专用洗洁剂清洗一次。具体清洗方法如下：首先，往一条干毛巾上倒上 200 毫升的米醋，然后把浸满米醋的毛巾放到洗衣机里。接着，盖上洗衣机盖子，按下电源键，调成甩干状态后再按下启动键。当桶内部均匀地沾上米醋时，保留 1 小时，以软化污垢。随后，倒入半袋小苏打，加入清水使其溶解。之后，将洗衣机加满水，把小苏打液倒入洗衣机，浸泡 2 小时。2 小时后，盖上洗衣机盖子漂洗两次。此外，平时不用洗衣机的时候，应经常打开洗衣机盖子，让洗衣机内部保持干燥状态。洗完的衣服应立刻取出晾晒，不要闷在里面。

（4）空调清洁。空调使用有两忌：一是忌与其他电器共用插座；二是忌在运行中改变热泵型空调的运行状态。在清洗空调时，可用柔软的布蘸少量中性洗涤剂擦拭，清洗时水温应低于 40℃，以免引起外壳、面板收缩或变形。室内进风过滤网应每隔 20 天清洗一次，室外机组也应定期清洁除尘。

（5）饮水机清洁。饮水机机身水垢的清理方法如下：首先，排尽余水，打开冷热水开关放水，取下饮水机内接触矿泉水桶的部分，用酒精棉仔细擦洗饮水机内胆和盖子的内外侧，为下一步消毒做准备。接着，可按照去污泡腾片或消毒剂的使用说明书，兑好消毒水倒入饮水机，让消毒水充盈整个腔体，静置 10～15 分钟。但更建议从进水口倒入少许白醋或鲜榨柠檬汁，再将里面加满水，浸泡 2 小时，这样就不用担心因清洁剂残留而对人体造成伤害。

3. 居室日常清洁

（1）清场：将影响清洁作业的家具、工具、材料、用品等集中分类放置到合适的位置。把垃圾清扫后转移到室外或倒进室内垃圾桶。

（2）清洁墙面：掸去墙面的浮尘。

（3）清洁窗框：先湿抹，再铲除多余物，最后用干净的清洁布擦净。如果窗户玻璃较脏，则可以顺势初步擦拭干净。

（4）清洁窗户玻璃：一般可使用擦窗器法、水刮法、搓纸法。

（5）清洁窗槽和窗台：先用吸尘器吸出窗槽内的污垢，对于不易吸出的污物，可用铲刀或平口工具配合润湿的清洁布尝试清理，尽量使用旧的清洁布或废布。窗槽清理完毕后，再将窗台收拾干净。

（6）清洁纱窗：纱网可先用水冲洗，再擦净纱窗窗框，待晾干之后进行安装即可。

（7）清洁卧室、客厅、餐厅、书房、阳台的开关、插座、供暖设施、柜体和家具表面等。

（8）清洁厨房：依序为顶面、墙面、附属设施、厨柜内部、厨柜外部、台面、地面（如果厨房为清洁使用水源地，厨房地面可安排在后期进行清洁）。

（9）清洁卫生间：依序为顶面、附属设施、墙面、台面、洁具。

（10）清洁踢脚线：先对踢脚线上沿进行吸尘，再擦净。

（11）清洁门体：依序为门头、门套、门框、门扇、门锁。

（三）家庭烹饪基础

1. 烹饪原料

烹饪的原材料可分为蔬菜、水产品、畜禽、粮食作物和果品五类。

（1）蔬菜是人们日常饮食中必不可少的食物。它可为人体提供多种所需的维生素和矿物质等营养物质。

（2）水产品包含捕捞和养殖生产的鱼、虾、蟹、贝、藻类等。各类水产品营养风味各异，富含蛋白质、脂肪、矿物质和维生素。

（3）畜禽经加工可烹制成各种美味佳肴，是营养价值很高的一类食物，富含蛋白质、脂类、维生素A、B族维生素及铁、锌等矿物质。

（4）粮食作物是谷类作物（稻谷、小麦、大麦、燕麦、玉米、高粱等）、薯类作物（甘薯、马铃薯、木薯等）、豆类作物（大豆、蚕豆、豌豆、绿豆等）的统称，亦可称食用作物。其产品含有淀粉、蛋白质、脂肪及维生素等。

（5）果品是指多汁且有甜味的植物果实，不但含有丰富的营养还能帮助消化。它是对部分可以食用的植物果实和种子的统称。果品主要为人体提供维生素、矿物质和人体所需的微量元素。

2. 烹饪调料

烹饪常用的调料有油、盐、酱油、醋等。

（1）油具有传热、改善菜肴色泽和增加营养成分的作用。常见的有花生油、菜籽油、大豆油、橄榄油等。

（2）盐具有调味、杀虫的作用，但不宜多吃。市面上销售的盐通常有粗盐、精盐、晶体盐或食用盐等。食用盐通常由岩盐或海盐制成，一般会添加碘。

（3）酱油是中国传统的调味品。它是用豆、麦麸皮酿造的液体调味品。其呈红褐色，有独特的酱香，滋味鲜美，有助于促进食欲。酱油一般有老抽和生抽两种：生抽味较咸，用于提鲜；老抽味较淡，用于提色。

（4）醋是调味品中常用的一个品类，味道较酸，它在中国菜的烹饪中有举足轻重的地位，常用于熘菜、凉拌菜等。它可以让菜的味道变得丰富，吃起来更爽口。

3. 烹饪火候

烹饪火候可分为大火、中火、小火和微火。

（1）大火：是最强的火力，用于"抢火候"的快速烹制。它可以减少菜肴在加热时营养成分的流失，保持原料的鲜美脆嫩，适用于熘、炒、烹、炸、爆、蒸等烹饪方法。

（2）中火：也叫文火，有较大的热力，适于烧、煮、炸等烹调手法。

（3）小火：也称慢火、温火等，火焰较小，火力偏弱，适用于煎等烹饪手法。

（4）微火：微火的热力小，一般用于酥烂入味的炖、焖等菜肴的烹调。

4.烹饪安全

（1）用火安全。在利用燃气灶等明火烹饪食物时，应注意以下几点：①在烹饪过程中，不要远离厨房，以防汤水溢出浇灭燃气灶火苗，造成燃气泄漏事件。②厨房内禁止存放酒精、汽油等易燃危险物品，以免引起意外失火。③保持燃气灶周围空气流通。④若闻到煤气味，怀疑是燃气泄漏，应立即关闭燃气阀门和附近的火源，同时打开门窗进行通风，注意不要开关任何电器，包括手机。若煤气味浓烈，则应立即外出并拨打电话报警，通知邻居疏散。

（2）用电安全。在用电饭锅、电磁炉等电器烹饪食物时，应注意以下几点：①湿手不得接触电器装置，以防触电。②电器用完后，应关闭开关并拔下电源插头，防止电器因长时间通电而损坏。

（3）烹饪工具使用安全。在使用烹饪工具的过程中，应注意以下几点：①玻璃器皿、瓷器不能摆放在台面边缘，以免摔破伤人。②在使用刀具前，应检查其是否存在裂纹、松柄、锈蚀等现象，避免在使用过程中发生意外。③刀具在使用完后应立即插入刀套或刀架内，不得放在操作台边缘及过高处，以免坠落伤人。

二、校园生活劳动

校园生活劳动作为劳动教育体系的重要组成部分，将劳动教育理论和实践很好地结合在一起。青少年在学校学到的劳动教育知识，应当运用到校园劳动中。校园生活劳动是青少年参与的主要劳动形式。校园也是培养青少年树立正确劳动观的重要场所。

（一）宿舍卫生整理与美化

1.宿舍卫生整理的意义

个人的生活习惯往往是个人自身修养的重要体现。大学是很多同学在生活上真正独立的开始，因此更应该注意个人习惯的养成。宿舍卫生整理的重要性体现在以下几个方面。

首先，学生宿舍作为大学生在校的主要生活场所，环境舒适整洁有助于学生更好地学习和生活，能让学生保持心情愉悦，从而提高学习效率，尽情享受美好的大学时光。

其次，宿舍作为学生们共同的生活空间，其环境状况既集中体现了每个成员的个人生活习惯，又会影响其他同学生活习惯的养成。强调宿舍卫生整理，既有利于学生形成良好的个人生活习惯，塑造干净整洁、积极向上的个人形象，也有利于学校将文明养成教育和学风建设相结合，创建文明校园。

再次，宿舍卫生整理可以培养学生吃苦耐劳的精神和团队合作意识，将"劳动最光荣、劳动最伟大、劳动最美丽"落实到实际行动中，使学生更加理解体力劳动的不容易、不可或缺，体验劳动带来的成就感。

最后，宿舍卫生整理可以帮助学生形成严谨、细致的生活作风，养成良好的个人生活习惯，培养勇于担当责任的品质和团队合作精神，助力自身不断进步与成长。

2. 宿舍卫生整理的标准

宿舍卫生整理的总体目标应该达到"三个六"。

一是六个"干净"：墙面、地面、玻璃、门窗、桌椅橱柜以及其他物品，六个方面干净整洁。

二是六个"无"：无异味、无杂物、无违规电器、无乱摆乱挂、无蜘蛛网、无烟蒂酒瓶。

三是六个"整齐"：被褥床铺叠放整齐、桌椅摆放整齐、书本立放整齐、其他个人物品挂放整齐、个人鞋类摆放整齐、暖壶及其他用具放置整齐。

除了总体目标外，每个宿舍成员每天还应自觉做到"六个一"，自觉遵守"六个不"，共同维护好宿舍的良好生活环境。

"六个一"：叠一叠被褥、扫一扫地面、擦一擦桌面、整一整柜子、理一理书架、倒一倒垃圾。

"六个不"：公共设施不损坏，果皮、纸屑不乱扔，异性宿舍不出入，宿舍聊天不喧哗，危险物品不存留，违规电器不使用。

除此之外，还要在宿舍内杜绝一切不文明行为，比如不养宠物、不在宿舍楼内大声喧哗、不抽烟、不在门口丢垃圾等。

3. 做宿舍美化的实践者

美化宿舍既可以凸显个性，又可以让人心情愉悦，产生归属感。在美化宿舍的过程中，首先要做到简单、大方。学生集体宿舍空间有限，不需要摆放过多物品进行装饰，否则会显得杂乱无章。其次要做到温馨、舒适。宿舍是学生放松休息的地方，在美化时可重点烘托温馨、舒适的氛围，让室内充满家的温暖气息。此外，还要突出文化气息。宿舍也是学生的学习场所，在美化时，要从色彩、风格搭配上进行考虑，营造一个安静朴实、书香飘溢，适宜学习的空间。

美化宿舍的重要手段之一就是打造特色宿舍，在干净整洁的基础上按照不同的主题特色去布置宿舍。在打造特色宿舍的过程中，首先，要充分考虑每个人的生活学习习惯、兴趣爱好、文化背景等因素，选择既具有共同基础又与众不同的宿舍文化主题。常见的特色宿舍主题有学习型宿舍、运动型宿舍、环保型宿舍、创业型宿舍、浪漫型宿舍、国风型宿舍等。其次，围绕选定的宿舍文化主题做出别出新意的整体美化设计。

最好是全体成员共同商议，确定特色建设方案，然后共同参与建设。这样有助于培养民主协商的意识，还可以增进室友间的感情。最后，宿舍成员共同策划与文化主题相匹配的活动，比如行为习惯养成计划、寝室团建活动等。

宿舍是每一个成员的"家"，由多个小空间组成。在美化宿舍时，除了要考虑宿舍的整体风格外，每个人还可以结合自己的审美和兴趣，增加一些别具特色的小设计，打造属于自己的别具一格的"私密空间"，彰显自己的个性。

在美化、改造宿舍的过程中，要坚持节约用料、变废为宝的理念。低碳、绿色环保不仅是当前的社会需求，更是青年一代的时尚风潮，理应成为大学生的生活方式。比如，有的同学在美化宿舍时，充分利用牛奶盒、饮料瓶、废纸箱等生活上的垃圾和旧物品，将它们做成各种实用的日用品。这些作品不仅创意十足，更向周围的人传递了绿色环保的生活观念。

（二）校园卫生整理与美化

教室保洁内容与要求：

（1）早晨和放学后安排专人打扫教室卫生。经常开窗通风，保持室内空气新鲜。地面和桌面保持干净，无果皮、纸屑等废弃物，消除垃圾死角。

（2）课桌椅摆放整齐，讲台保持干净，教具、粉笔摆放有序。讲台上各类设备接线整理好，有序放在相应位置。

（3）教室门窗经常擦洗，窗帘定期清洗。墙壁无灰尘及蜘蛛网，窗台无灰尘，并应及时清理杂物。

（4）前后黑板无乱写、乱画现象，黑板报或宣传栏保持完好并定期更换。黑板及时擦干净，板槽内无粉笔灰等杂物。

（5）教室布置整齐美观，讲究文化氛围。不得在墙壁及桌椅上乱写、乱画、乱刻和胡乱张贴，如有违规张贴，要及时清除。

（6）教室内垃圾不允许长时间放置，应及时处理垃圾池、垃圾箱等。打扫工具如拖把、扫帚等要摆放整齐，不得东倒西歪，并保持干净、干燥。

（7）教室四周的墙壁瓷砖应定期擦拭。

（8）教室内的一切设备不得损坏和私自拿走。学生离开教室时，主动关灯并关好门窗。

（9）教室外走廊内外侧墙壁无灰尘、蜘蛛网、脚印等；走道上无果皮、纸屑等；地面无痰迹、积水。

（10）实验实训教室保持安静整洁，不得乱扔果皮纸屑、废弃物等。各类用品和展品不得随意使用、翻动。实验实训前，检查药品器材是否齐全完好，如有缺漏或损坏，及时报告教师。爱护实验室仪器设备，爱惜药品、材料，如在实验中损坏，也应及时报告教师。实验完毕，整理好仪器装置，清洁器皿，搞好卫生，经教师检查后再离开。

三、做校园里的绿色使者

党的二十大报告提出，"我们坚持绿水青山就是金山银山的理念，坚持山水林田湖草沙一体化保护和系统治理，全方位、全地域、全过程加强生态环境保护，生态文明制度体系更加健全，污染防治攻坚向纵深推进，绿色、循环、低碳发展迈出坚实步伐，生态环境保护发生历史性、转折性、全局性变化，我们的祖国天更蓝、山更绿、水更清"[1]。大学生要清醒地认识到保护生态环境的紧迫性和艰巨性，意识到加强生态文明建设的重要性和必要性，积极做绿色环保的践行者。

1. 树立绿色低碳环保意识，形成绿色价值取向

习近平总书记指出："必须树立和践行绿水青山就是金山银山的理念。"[2] 良好的生态环境就是生产力和社会财富，在经济社会发展中也具有重要的价值。我们既要金山银山，又要绿水青山。高校应主动制定并实施碳达峰、碳中和规划，这是"绿水青山就是金山银山"理念在高校的进一步贯彻落实。这不仅能显著减少全社会的碳排放量，更能起到环境育人和社会带动作用，校园碳中和本身也会推动科技研发和推广应用。

2. 养成绿色低碳的生活习惯

绿色发展理念需要每个人付诸实践。大学生要从身边的小事做起，不买不必要的物品，不穿的衣物要及时投放到衣物回收箱，不用的文具、书本、笔记本可以送给有需要的同学，或者通过跳蚤市场进行置换。出门带水杯、餐具，不使用一次性纸杯和餐具。在宿舍、教室要节约用电、用水。复印或打印资料时，尽量双面使用以节省纸张。选择绿色出行方式，减少乘坐机动车。人人争做绿色低碳使者，处处体现绿色低碳文化，时时参与绿色低碳行动。

3. 主动宣传绿色低碳的生活方式

绿色生活方式与每个人的生活息息相关，体现了我们对绿色发展理念的认同度和践行力，对绿色发展和生态文明的最终实现具有关键作用。我们要时时刻刻撒播绿色低碳的"种子"，带动周围人养成绿色低碳的生活方式，每位学生都应以实际行动参与低碳校园的建设。

除此之外，大学生还可以通过科技创新手段将绿色环保理念转变为环保发明，并应用到实际生活中。例如，环保发明大赛既可有效提高大学生的科技创新能力和社会实践水平，又能完美诠释"节能减排，全民行动"的低碳宣言。

只要我们坚持从我做起、知行合一，定能换来蓝天常在、青山常在、绿水常在，定能开创社会主义生态文明新时代，赢得中华民族永续发展的美好未来。

---

[1] 习近平：高举中国特色社会主义伟大旗帜 为全面建设社会主义现代化国家而团结奋斗——在中国共产党第二十次全国代表大会上的报告[EB/OL].（2022-10-25）[2024-08-01].https://www.12371.cn/2022/10/25/ARTI1666705047474465.shtml.

[2] 习近平.决胜全面建成小康社会 夺取新时代中国特色社会主义伟大胜利——在中国共产党第十九次全国代表大会上的报告[N]. 人民日报，2017-10-28（1）.

第二节 专业性劳动

一、专业实践的重要意义

汉代刘向在《说苑·政理》中提到："耳闻之不如目见之，目见之不如足践之。"马克思也曾说过："一步实际行动比一打纲领更重要。"其实这两句话讲的是同一个道理，即"行胜于言"。对于新时代的大学生来说，"行"最主要的体现就是专业实践。专业实践是培养学生的重要载体。在专业实践过程中，学生既能了解社会、融入社会，又能提高自身的专业技能和综合能力。

（一）专业实践是大学生提高职业能力水平的有效途径

2015年，国务院印发了《中国制造2025》（国发〔2015〕28号），这是我国实施制造强国战略第一个十年的行动纲领，旨在推动新一代信息技术和传统制造深度融合，实现制造业跨越式发展，迈入制造业强国行列。对于大学生来说，通过专业实践提高自身在制造业领域的职业能力水平是至关重要的。国家对制造业技术能力要求的不断提升，将推动高端制造业快速发展，同时也会加快高校培养高素质专业技术人才的步伐，促使高校调整人才培养模式，着力培养高技能人才。

社会的实际需求对学生的知识技能结构调整有着重要的影响。例如，我国目前高层次人才尤其是复合型人才缺乏，导致就业结构滞后于产业结构。这就需要大学生在进入社会之前，充分利用专业实践的机会，深入社会需要产业进行充分实践，磨炼技能技艺。只有这样，才能在产业转型升级的社会中立足。

（二）专业实践是高校培养人才的重要环节

高质量发展是高校教育的必然趋势，在对大学生进行全面教育的要求中就包括专业实践环节。在这个过程中，高校要对专业实践的发展需求和内涵展开全面研究，采取科学的方式和有效的渠道，全面提高整体的教学质量以及专业实践的有效性、针对性和科学性。此外，还必须明确专业实践各阶段的教育建设目标，对专业实践的一系列行为进行详细规划，加强产教融合课程建设，从而全面提升学生的专业能力、实践能力和技能水平。

随着智能制造时代的到来，大量新技术、新工艺、新创意率先被运用于生产工艺流程和生产岗位，在专业技能上引发了突破性的革新。高校专业实践课具有操作性强、技术技能要求高的工作特质，这就呼吁学生关注本专业领域的前沿信息，及时学习和掌握各种应用于实际操作中的新技术。

（三）专业实践是大学生全面发展的重要路径

2020年，中共中央、国务院印发的《关于全面加强新时代大中小学劳动教育的意见》（以下简称《意见》）提出，高等学校要注重围绕创新创业，结合学科和专业积极开展实习实训、专业服务、社会实践、勤工助学等，重视新知识、新技术、新工艺、新方法应用，创造性地解决实际问题，使学生增强诚实劳动意识，积累职业经验，提升就业创业能力，树立正确择业观。对于高校来说，要使学生全面发展，就要注重《意见》中提出的两个关键词："实习实训""社会实践"。

随着大学生专业知识的不断积累、智能结构的逐步建立，在充分发掘其潜力、提高其独立分析问题和解决问题的能力时，专业实践教育发挥着不可替代的作用。专业实践教育作为一项具有一定社会性、创造性的复杂工作，与理论教育相结合，对促进学生能力全面发展有着重要意义，因此，以学生为主体的专业实践教育是一种值得推崇的、较好的教育方式。

二、专业实践的重要功能

随着中国经济的飞速发展，经济发展形势发生了质的变化，经济增长由主要依靠增加物质资源消耗向主要依靠科技进步、劳动者素质提高、管理创新转变。以最具代表性的深圳经济特区为例，自2013年以来，深圳先后将生命健康、海洋经济、航空航天、军工、智能装备五个产业列为未来重点发展产业。2014年初，推出了大力支持未来产业的"1+3"文件，规划自2014—2020年，连续7年每年投入10亿元作为未来产业发展专项资金，用于支持产业核心技术攻关、创新能力提升、产业链关键环节培育和引进、重点企业发展、产业化项目建设等。同时，继续大力发展以生产性服务业为主的现代服务业，为高端制造业提供有力支撑。这些逐步建立起梯度发展的产业结构和新的竞争优势，都需要高技能人才提供必要支持。自然而然地，高校在经济社会的发展转型过程中，担负起了培养适应新时代高技能人才的责任。

（一）以专业实践提升职业技能

高校要把专业实践作为提升职业技能的核心环节。在教学过程中，要基于人才培养定位、职业面向的分析，尤其是对当地产业结构的分析。通过深入企业调研和对毕业生进行跟踪调查等方式，分析就业岗位群的工作任务与岗位胜任能力，融合相关技能标准，从而明确人才培养目标。围绕人才培养目标，校企应协商共同构建专业实践教学体系，把内容联系紧密、内在逻辑性强且属同层培养能力范畴的一类课程作为一个模块进行建设，打破课程之间的壁垒，使项目内容有机融合、互相促进。通过系统规划、循序渐进地组织专业实践教学，实现"岗位基础能力—岗位单项能力—岗位综合能力—岗位适应能力"螺旋递进。

（二）以专业实践提升职业素养

相关调查显示，企业录用员工最为看重的六种素质依次为综合素质、敬业精神、专业技能、沟通与表达能力、团队精神、诚信。而这些正是职业素养的核心要素。职业素养是职业内在的规范和要求，是在工作过程中表现出的综合品质，包含职业道德、职业技能、职业行为、职业作风和职业意识等方面。大学生在专业实践过程中，尤其是在校外企业的专业实践中，要将自己视为职场中的一部分，无论做什么都要做到最好，拿出实力，用心去做。通过专业实践，大学生可增强自身的责任感和使命感，从而提升自己的职业素养。

（三）以专业实践明确职业伦理

随着科学技术的不断进步，我国正逐步实现工业大国向工业强国的转变，这就需要大量高技能型人才。同时，这些高技能型人才需对职业领域的公众健康、安全和人文等社会影响有充分认识，具备高度的社会责任感、正确的价值观和利益观以及强烈的职业伦理道德意识，能对专业工作进行道德价值判断。专业实践在有效培养学生的职业伦理素养方面具有得天独厚的优势。大学生在专业实践过程中，能切实感受到这一职业领域从业人员的行为标准、职业精神和态度、职业活动中的社会分工等，从而前瞻性地培养自己在这一领域的职业道德、技术伦理，使自己具备良好的职业伦理素养。

三、专业实践的社会价值

新中国成立初期，经济基础非常薄弱，技能型人才寥寥无几，更别说达到目前我们所说的技能型人才的要求。当时，许多商品要从国外引进，如"洋火""洋布""洋车"等，这些被老一辈冠以"洋"字的物品，记录着当时国内生产技术基础薄弱，产品和技术都要依靠舶来的状况。

20 世纪 70 年代末到 80 年代初，中国逐渐走上了改革开放的道路，经济发展进入快车道，产业也在慢慢转型，这对职业教育提出了新要求，也使中国的职业教育迎来了新的发展机遇。可以说，中国的职业教育是伴随改革开放的号角发展起来的，其职业技能培养方向也伴随中国经济的发展而呈现出不同的培养思路。当前，我国已建成全世界规模最大的职业教育体系[1]，为各行各业输送了数以亿计的技术技能人才。这些技术技能人才分布在我国第一、二、三产业的各个领域，为我国经济社会的快速发展提供了强大的人力资源支撑，也成了我国实现产业转型升级进程中不容低估的生产力大军。

新时代，中国的高铁走出国门、"天宫"遨游太空、网络支付方便快捷、5G 技术引领潮流，"中国制造"遍布世界，并向"中国质造"和"中国智造"挺进。经济的腾飞

---

[1] 教育部：我国已建成全世界规模最大的职业教育体系[EB/OL].（2022-05-24）[2024-05-01].http://www.moe.gov.cn/fbh/live/2022/54487/mtbd/202205/t20220524_630014.html.

离不开数以百万计的能工巧匠，社会的进步离不开数以亿计的高素质劳动者。

高校作为培养职业技能人才的摇篮，有着不可替代的作用。它为学生提供专业实践机会，提高学生的专业能力、职业素养、综合素质，这就是具有专业特征的劳动教育。正是这样的专业劳动教育，才培养出了数以百万计的工匠，实实在在地开创了中国制造的奇迹。就像习近平总书记在2013年4月同全国劳动模范代表座谈时提到的，"劳动创造了中华民族，造就了中华民族的辉煌历史，也必将创造出中华民族的光明未来"[①]。同样，专业实践劳动必将创造中国职业教育的光明未来。

第三节 创造性劳动

一、劳动与创新创业的关系

随着社会的发展和时代的进步，社会对大学生人才的要求也越来越高。不仅要求大学生具备丰富的专业知识和专业技能，还需要其具有较高的创新创业能力，以便在严峻的就业形势中脱颖而出。大学生进行创新创业，不仅可以提高自身基本素质和就业能力，还可以拓宽就业渠道，缓解就业压力。同时，大学生进行创新创业还可以推动高校创新创业教育的发展。现阶段，大学生在就业过程中，应转变传统的就业观念，放低姿态，虚心学习就业技能，丰富工作经验，拓宽知识面，从而不断提高自身的创新创业能力。

二、创新能力

（一）创新能力的含义

创新能力也称创造力，是指每个正常人或群体在现有环境下，运用已知的信息发现新问题并寻找最佳答案，进而产生某种新颖而独特、有社会价值或个人价值的物质或精神产品的能力。这里的产品是指以某种形式存在的思维成果，它既可以是一种新概念、新设想、新理论，也可以是一项新技术、一种新工艺、一个新产品。通俗地讲，创新能力就是发现新问题、提出新设想、创造新事物的能力。

早在20世纪90年代，联合国教科文组织就指出：创新能力是与学术能力和职业能力并重的、面向未来的"三张教育通行证"之一。

---

① 习近平.习近平在同全国劳动模范代表座谈时的讲话(全文)[EB/OL].（2013-04-28）[2024-05-01].https://www.gov.cn/ldhd/2013-04/28/content_2393150.htm.

（二）创新能力的养成

1.创新思维

创新思维可分为系统性思维和创造性思维。创新思维能力就是破除迷信、超越陈规，善于因时制宜、知难而进、开拓创新的能力。只有具备创新思维，才能在把握事物发展客观规律的基础上实现变革和创新。

（1）系统性思维。系统性思维是一种逻辑抽象能力，也可称为整体观、全局观，是原则性与灵活性有机结合的基本思维方式。只有具备系统思维，才能抓住整体、抓住要害，进而不失原则地采取灵活有效的方法处置事务。

（2）创造性思维。创造性思维是指思维活动中的创造意识和创新精神，表现为不墨守成规，求异、求变，创造性地提出问题和创造性地解决问题。

2.创新技能

创新技能主要包括知识背景、智能因素和心理因素等方面。

（1）知识背景。创新需要丰富的想象力，但任何想象力都不可能脱离相应的知识点。因此，任何创新都离不开知识，知识是创新的坚实基础与载体。回顾近代的创新史可以发现，几乎所有具有重大成就的发明家，往往就是其专业领域知识最丰富的人，即使不是知识最丰富的人，至少也是掌握了较多专业知识的成员，绝不可能是这个专业领域的门外汉。

（2）智能因素。创新技能中的智能因素，通常是指一个人在完成一定活动时所表现出来的一种本领，或者说是人们认识客观事物并运用知识解决实际问题的智力与技能。它集中表现在反映客观事物的正确程度上，也表现在应用知识解决实际问题的速度和质量上。它往往是通过观察、记忆、想象、思考、判断，以及对知识的迁移等方式表现出来的。智能是由一个人的先天素质、社会历史遗产和教育因素以及个人主观努力这三个方面相互作用的产物，它是人们在参加客观的实践活动中逐渐形成的。

（3）心理因素。创新技能中的心理因素指的是一个人在创新过程中所应具备的稳定心态。它的主要标志就是意志和毅力，也就是目标始终如一、不怕困难、百折不挠、不达目的决不罢休的心理品质。在任何创新过程中，创新者如果没有这些良好的心理素质，是很难取得成功的。

三、创业能力

（一）创业的基本概念

创业是创业者对自己拥有的资源，或通过努力对能够拥有的资源进行优化整合，从而创造出更大经济价值或社会价值的过程。美国学者杰夫里·提蒙斯（Jeffry Timmons）在其所著的《创业创造》（*New Venture Creation*）一书中指出：创业是一种思考、推理结合运气的行为方式，它为运气带来的机会所驱动，需要在方法上全盘考虑并拥有和谐的领导能力。

从字面上讲,"创业"应该由"创"和"业"两个字组成。"创"就是创造,也可理解为创建、创新、创立;"业"则可以理解为事业、家业等。由此可以得出创业的两个特点:一是创造;二是行动。

创业有广义和狭义之分。广义的创业是指人类带有开拓创新并有积极意义的社会活动,即创造一种新的事业的过程。只要是人们以前没有做过的、对社会能产生积极影响的事业,广义上都可以算是创业。狭义的"创业"通常是从经济学角度来理解的。它特指创业个人或创业团队通过寻找和把握各种商业机会,投入已有的知识、技能和社会资本,调动并配置相关资源,为消费者提供产品或服务,是一种具有创新性或创造性的、以增加财富为目的的活动过程。创业的概念包括以下几点:

(1)创业的主体是个人或小规模群体。同时,个人或小规模群体也是资源(如社会资本、知识、能力、人力、机会等)的所有者和配置者。

(2)创业需要创立新的社会经济单元。

(3)创业的重点是创业者寻找和把握各种商业机会,通过某种平台和资源,创造出新颖的产品或服务,实现其潜在价值。

(4)创业是一个创造的过程,创业的价值实现有赖于将所提供产品和服务在市场上转化为商品。

(5)创业具有明确的目的性,即增加财富,包括个人和社会的物质与精神财富。

(二)创业能力的构成

"创业能力"从字面上讲,是由"创业"与"能力"两个词组成的。它通常指个体顺利开展创业活动所必备的辨别、预料和运用市场机遇的综合知识与能力。创业是一个发现和捕捉机会、创造新颖的产品或服务并实现其潜在价值的复杂过程。它不仅需要创业者有开阔的视野、过人的胆识、较强的创新能力,还需要创业者投入大量的时间和精力,承担相应的财务和社会的风险。因此,创业者不仅需要创业环境和外部条件的支持,还需要良好的个体素质与能力。那么,创业者需要具备哪些能力呢?

1.把握商机的能力

创业最重要的并不是资金,而是创业者开阔的眼界和把握商机的能力。创业者只有具备良好的把握商机的能力,才能在市场经济的大海中去竞争、去搏击。因此,把握商机的能力是创业者辨别、预料和运用市场机遇所必备的能力。

2.组织管理的能力

创业的过程就是对人、财、物、信息、时间等要素进行有效组织管理的过程。因此,创业者在协调创业活动、整合创业资源的过程中,需要有良好的组织协调能力,否则创业者的领导作用就无从谈起。

3. 不断进取的能力

创业是一个长期、艰苦的过程。创业本质上是尝试新事物，且风险与机遇并存。因此，创业过程中需面对的困难、需承受的压力是超乎想象的。在创业过程中，不断进取是创业活动的精神基础。不断进取的能力包括创业者坚韧的品质、过人的胆识、奋发图强的斗志和永不言败的精神。此外，创业者不断进取的能力通常会融入创业企业的精神文化建设中，形成创业企业的精神文化内核。

4. 善于决策的能力

决策能力是指决策者或经营管理者对某件事定方向、拿主意、做决断的综合能力。从某种程度上来说，决策能力就是选择能力，没有选择就没有决策。决策能力包括经营决策、业务决策、人事决策、战术与战略决策等多种能力。创业者在若干个方案中选择一个最可行、最有效的方案的过程就是决策的过程。因此，善于决策的能力是创业能力中十分重要的一项能力。

5. 擅长沟通的能力

建立良好的内外部环境是创业企业获得成功的重要因素。在现代经济社会中，企业本质上是一个开放的经济组织，它需要和社会各界交流信息、互通有无。因此，一个成功的创业者通常应具备良好的沟通能力，对外要处理好和消费者、同业竞争者、政府、媒体的合作与竞争关系，对内要处理好和上级、下级、兄弟部门之间的分工与合作关系。

6. 学会学习的能力

在市场经济中，成功的创业需要知识与创新。创业者除了具备一定的专业知识（如开办医药企业要懂得足够的医药企业知识，开办房地产开发公司要懂得足够的房地产开发知识等）外，还必须具备与创业活动密切相关的一些知识，如创业法律、财务管理、企业经营等知识。创业所需要的知识是多方面的，而这样的知识需要实战性的经验和不断发展的理论做指导。尤其是在当前，创业者面临着知识爆炸、复杂多变、竞争激烈的环境，这就要求创业者必须学会学习。只有具备强大的学习能力，随时了解各方面信息，及时把握社会和行业的发展动态，才能使企业不断发展。

四、创业方式与途径

（一）网络创业

互联网改变了人们的生活，同时也提供了全新的创业方式。网络创业不同于传统创业，它无须白手起家，可以利用现成的网络资源进行创业。目前，网络创业主要有两种方式：一是网上开店，即在网上注册成立网络商店；二是网上加盟，以某个电子商务网站门店的形式，利用母体网站的货源和销售渠道经营。网络创业的优势是门槛低、成本少、方式灵活，特别适合初涉商海的创业者。

（二）加盟创业

分享品牌金矿、分享经营诀窍、分享资源支持，连锁加盟品牌凭借这些优势，成为备受创业者青睐的创业新方式。这种创业方式的特点是利益分享、风险共担。创业者只需要支付一定的加盟费就能借用加盟商的"金字招牌"，利用现成的商品和市场资源进行创业。此外，创业者还能得到长期的专业指导和配套服务，不必"摸着石头过河"，创业风险也有所降低。但是，随着连锁加盟市场规模的不断扩大，鱼龙混杂现象日趋严重，一些不法分子利用加盟圈钱的事件时有发生。对此，大学生创业者需谨慎对待。

（三）兼职创业

"大众创业、万众创新"是我国经济发展的新的"发动机"。作为国家培养的高素质创新人才，大学生是潜在的创业主力军。兼职作为大学生接触社会的途径，在一定程度上可以积累社会经验、增加社会阅历、提升创业能力。[①]

（四）团队创业

创业团队的重要性在于，创业者不用孤军奋战，可以集众人之长，避己之短，实现优势互补、强强联合。在网络时代，信息瞬息万变。创业者面对的是一个环境迅速变化的市场，仅靠一人难以同时做到更新技术、分析同行竞争，也没有足够的时间做到调整学习。[②]而创业团队能在有限的时间里发挥各类人才的专长，凝聚多人的智慧，提升创业的成功率，降低创业风险，从而获得更广阔的市场空间。

（五）大赛创业

大学生创业大赛来源于美国的商业计划竞赛，此类竞赛旨在为参赛者展示项目获得资金、提供平台，因此，创业大赛也被形象地称为创业孵化器。从国内情况来看，创业大赛也产生了一批大学生创业企业。例如，"中国国际大学生创新"大赛、挑战杯大赛、大学生科技创新活动计划（新苗人才计划）、各类专业学科竞赛等。这些大赛不仅为大学生创业者提供了舞台，还为其提供了锻炼能力、转变观念的宝贵机会。通过这个平台，大学生创业者可熟悉创业程序、储备创业知识、积累创业经验，提前接触和了解社会。

（六）曲线创业

大学生毕业后，各方面的阅历和经验都不足，因此，先到实体单位锻炼几年，等积累了一定的知识和经验再创业也不迟。先就业再创业的学生，所从事的创业项目通常也是其在过去的工作中密切接触的，而在准备创业的过程中，可以多与专业人士交流，获得更多的来自市场的创业知识。

▶ 创造性劳动

---

① 马燕妮，张翠.高校大学生兼职对创业能力提升的对策分析[J].科技视界，2021(1)：106.
② 胡应坤，胡卓玲.大学生创业团队建设的分析及组建路径探讨[J].太原城市职业技术学院学报，2024(3)：164.

第四节　服务性劳动

2017年，中共中央、国务院印发了《中长期青年发展规划（2016—2025年）》。其中，青年社会融入与社会参与部分的描述为：着力促进青年更好实现社会融入。鼓励和支持青年参与社会实践和公益服务，推动理论学习与劳动实践相结合，突出个人实践与社会公益有机统一，学会自我教育、自我管理、自我提升，在为家庭谋幸福、为他人送温暖、为社会作贡献的过程中增加人生历练，强化社会交往能力和社会责任感。

一、大学生志愿服务的意义

（一）有助于提高学生的实践能力

大学生参与志愿服务的过程既是理论付诸实践、学以致用的过程，又是向社会、向他人学习、借鉴的过程。尤其是当志愿者的服务领域需要拓展、服务要求有所提高与志愿者个人能力存在差距时，就会推动志愿者自发学习新知识、培养新技能。高校学生培养的方向就是增强实践能力，他们可以结合各受援单位的实际情况，充分发挥自身的专业优势，为受援单位送去新理念、新知识，同时也能强化和巩固自身的专业知识，提高自身的实践能力。

（二）有助于提高学生的组织能力

"榜样的力量是无穷的"，这句话在徐本禹身上得到了生动的体现。徐本禹是第七届"中国十大杰出志愿者"，他的精神感召了无数人志愿投身西部建设。通过志愿者的示范和带动作用，越来越多的人开始认同志愿服务这种价值追求。大学生志愿服务能让参与者通过自己的实际行动影响他人，丰富其社会阅历，帮助其在学习和工作中增长才干，如提高自身的组织能力、增强统筹协调能力等。

（三）有助于培养学生的社会责任感

社会学家认为，社会绝不是无数个独立个体的集合，而是一个不可分割的整体。社会不可能离开个人而存在，而纯粹独立的个体也是不存在的。虽然每个人的岗位不尽相同，所负的责任有大小之别，但要把工作做到尽善尽美、精益求精，都离不开一个共同的因素，那就是强烈的事业心和责任感。大学生志愿服务对唤醒学生的公民意识、培养学生的社会责任感具有不可替代的作用。

二、高校学生志愿服务的育人功能

大学生志愿服务是助人和自助的活动。在志愿服务活动中，大学生志愿者不仅能帮助他人摆脱困境，还能提高自身的综合素养，有利于其成长为德才兼备的社会主义现代化事业的建设者和接班人。具体表现在以下几个方面。

（一）了解国情民情和增长社会知识

大学生作为社会主义现代化事业的建设者和接班人，不仅需要学习科学文化知识，还需要关注世界形势变化和社会现实发展，不断提高自身的综合素质和社会实践能力。志愿服务能够帮助大学生深入了解我国国情和社会现实，积累社会经验，增加社会阅历，加快其融入社会的进程。具体来说，大学生志愿者通过参与遍布全国的社区服务、环境保护、社会管理、文化建设和国际赛事服务等志愿服务活动，能够更深入地了解我国的国情、社情和民情，切身感受我国社会发展的巨大成就，体会社会主义制度的优越性，增强民族自豪感和对社会主义的信心。同时，志愿服务还能帮助大学生志愿者积累社会经验，完善自身的知识结构。例如，大学生在服务前的系统专业培训中，能够掌握一些关于医疗救护、安全防范等方面的知识和技能；在深入不同民族地区进行志愿服务的过程中，能够学到更多的关于地理环境、风土人情、历史传统和生活习惯等方面的知识，积累丰富的社会经验。

（二）培养团结协作和改革创新的精神

当代大学生的主体意识不断增强，但团队协作意识和人际交往能力相对欠缺。参加志愿服务活动能够帮助大学生养成团结协作精神，提高人际交往能力。现代大型志愿服务活动多为群体性行动，它们的开展和完成有赖于团队的共同努力，团队成员的配合程度与协作能力直接关系着志愿服务任务完成的效率和质量。志愿者不仅要和来自不同院校、不同地区的同行人员沟通交流，还要与不同性格、不同风俗习惯、不同生活背景和年龄的服务对象及其他社会各界人士打交道。面对如此复杂的情况，志愿者要想顺利完成服务任务就必须团结协作，在协作过程中，逐步认识到规则、团结、合作的重要性，自觉改变"以自我为中心"的思维方式，进而树立大局观念和合作意识。同时，大学生志愿者在服务过程中难免会遇到服务环境复杂、服务内容不同、服务对象各异的情况，解决这些问题的过程也是志愿者激发潜能、打破思维定式、发扬改革创新精神、产生创造性成果的过程。志愿服务活动结束后，大学生志愿者总结服务经验和探讨改进建议的过程，也是其进行深入思考和改革创新的过程。

（三）磨炼意志品质形成优良品德

在志愿服务活动中，大学生志愿者通过奉献自己的时间、精力和技能等帮助他人走出困境，能体会到自我价值实现后的满足感。这种行为经过不断强化后，就会使他们在潜移默化中养成乐于助人、甘于奉献的习惯。同时，大学生在参加志愿服务时也会遇到不同程度的困难和挫折，如亲人朋友的反对、服务活动本身存在的各种困难等。为了完成服务任务，他们会设法解决遇到的难题，而克服困难和经受考验的过程也是磨砺意志的过程。多数志愿者在面对困难时能够迎难而上，主动接受考验。大学生在攻坚克难的过程中磨砺意志，有利于锤炼出不怕困难、顽强拼搏的意志品质。

（四）树立崇高理想信念和社会主义核心价值观

在多元思潮的影响下，部分大学生出现了理想信念缺失、价值观偏移等思想问题。志愿服务活动对大学生树立崇高理想信念和社会主义核心价值观具有重要作用。一方面，大学生通过志愿服务活动，能更好地了解我国社会主义现代化建设取得的伟大成就，增强对社会主义的道路自信、理论自信、制度自信、文化自信，坚定中国特色社会主义理想信念和共产主义远大理想信念。例如，在大型赛会服务中，当看到赛会的盛大场面，听到外国友人的赞誉声时，志愿者会充分感受到我国的飞速发展和国际地位的提升，深刻认识到社会主义制度的优越性，坚定其社会主义理想信念。另一方面，大学生在奉献社会的活动中，能够深切体会到志愿服务活动对社会进步所具有的推动作用，加深对志愿精神的理解，形成积极向上的人生态度。例如，很多大学生在参加环境保护、社区服务、应急救援、西部计划等公益性活动的过程中，逐渐养成了诚实守信等优良品质。

（五）增强现代社会的责任意识和担当意识

大学生参与志愿服务活动，有利于其意识到作为公民自身应担负起的社会责任，从而密切关注国家和民族的发展，主动把自己的命运同祖国的发展联系起来，展示出现代公民应有的爱国情怀和责任意识，服务他人和奉献社会，在奉献中彰显自身价值。责任意识还体现为集体主义精神、人际的平等地位以及对公共利益和个人正当利益的维护。而大学生志愿者之间、志愿者与受助者之间都是平等、团结、互助、和谐的关系，志愿服务活动也是在民主、平等的氛围中进行的，并力求通过社会互助实现社会利益共赢，这有助于培养大学生的公共意识和担当意识。此外，有些志愿服务活动站（如体育赛场上的报分、法律援助等）还有助于培养大学生的公平公正观念。

三、高校学生志愿服务实践

（一）大学生"三下乡"活动

"三下乡"活动使大学生能够将自己在校所学的知识和生活观念在广大农村传播。例如，紧密结合他们所学的专业知识，在农村开展多种形式的先进科技文化知识和生活观念的宣讲活动。大学生参与新农村建设的进程为其了解我国国情打开了一扇窗，使高等教育与新农村建设的关系更密切了，同时也提高了大学生的社会实践能力和综合素质。

大学生是我国科学技术发展的后备军，应该充分发挥知识技能优势，为农村建设服务，为农民群众服务。广大农村需要大学生去发挥聪明才智，大学生也需要到农村去历练，并能在服务农民群众的过程中接触社会、了解国情、增强社会责任感和历史使命感。通过"三下乡"活动，大学生可以改造世界观、价值观，把农村建设的需要和自身成长很好地结合起来，走正确的成长成才道路。此外，"三下乡"活动还架起了党和政府与农民群众之间的又一座桥梁，通过大学生的下乡服务，体现出了党和政府对农民群众生产生活的关心。

（二）大学生志愿服务西部计划

大学生志愿服务西部计划，是共青团中央、教育部等根据国务院常务会议、《国务院办公厅关于做好 2003 年普通高等学校毕业生就业工作通知》和 2003 年全国高校毕业生就业工作电视电话会议精神的要求而实施的。该项计划从 2003 年开始实施，采取公开招募、自愿报名、组织选拔、集中派遣的方式，每年招募一定数量的普通高等学校应届毕业生或在读研究生，到西部基层开展为期 1～3 年的教育、卫生、农技等志愿服务工作。西部计划按照服务内容可分为基础教育、服务"三农"、医疗卫生、基层青年工作、基层社会管理、服务新疆、服务西藏 7 个专项。

西部计划已成为有效的就业促进工程、人才流动工程、协力振兴工程和实践育人工程，引导着一批批大学生将个人命运与国家发展有机结合，到祖国和人民最需要的地方去受锻炼、长才干、做贡献，在火热的基层实践中坚定理想信念、锤炼意志品格、增长本领才干。

（三）大型赛会志愿服务

大型赛会志愿服务是指针对某一特定的活动或赛事，志愿者在不求回报的情况下，自愿付出个人的时间和精力所做的服务工作。

随着我国国际地位的提升和城市品位的提高，所承办的大型赛会日益增多且规格越来越高。志愿服务作为非政府系统的组织行为和服务行动，成为大学生志愿服务实践的重要组成部分。大学生所具有的独特优势，使其成为志愿者队伍的中坚力量。通过组委会的有序管理、系统组织、统筹协调，大学生志愿者在按标准完成志愿服务的同时，还在参与社会志愿服务的过程中体现了个人价值，提升了个人精神品质。这对践行和培育社会主义核心价值观与构建社会主义和谐社会都具有重要的意义。

▶ 服务性劳动

第五节　新时代高校劳动教育载体拓展的现实路径

新时代高校劳动教育载体的路径有：丰富高校劳动教育校园文化载体，拓展高校劳动教育的新媒体载体，打造多样性劳动教育实践平台，等等。

一、丰富高校劳动教育校园文化载体

高校校园文化是高校校园在长期的教育、学习和生活中形成的价值观念、精神支

柱、学校传统、行为准则、道德规范的总和，具有导向、教育、规范、激励、凝聚等功能。校园文化蕴含着学校传统、校训校风、校园环境、制度建设等内容，它同样也是高校开展劳动教育、培育大学生劳动价值观的重要途径。因此，在推进校园文化建设的过程中，创造出多样化的教学载体，有利于搭建劳动教育的舞台，能够进一步拓宽劳动教育的渠道，形成劳动育人的合力。

（一）发挥高校精神载体的引领作用

高校精神并不是虚无缥缈、空洞无物的，而是一种无形的力量，对校园中的每一个人都会产生潜移默化的影响。当前，常见的高校精神载体主要包括校史、校训、校歌等。任何一所高校在其长期的办学历史中，都历经了一代又一代开拓者、建设者、改革者的不懈努力，从而形成了特定的历史文化。高校在进行劳动教育时，要注重挖掘校史中开拓创新、奋力拼搏、自强不息的元素和基因，讲好老一辈典型人物的奋斗和劳动的故事，并结合新媒体传播、舞台表演、微电影拍摄等方式还原历史，让师生们深刻领会劳动创造历史、劳动开创未来的道理。

（二）发挥身边榜样载体的示范作用

榜样是一种力量、一面旗帜、一座灯塔，更是一种精神。注重发挥先进典型、身边榜样示范作用，对于加强高校劳动教育具有重要的意义。在我们身边，向来不乏向上向善的动人故事，从全国劳动模范到大国工匠、从身边的优秀教师到大学生自强之星，这些榜样的故事是开展大学生劳动教育最生动的素材。挖掘榜样的力量、讲好榜样的故事、传播好榜样的事迹，引导大学生培育勤奋学习、勤于钻研、勤勉敬业的精神，这对培养大学生的劳动价值观具有重要意义。

一是要在日常的理想信念教育中运用好榜样的力量。把劳模精神融入团员教育、党员教育中，在团员培训、团干部培养、入党积极分子和党员教育过程中，运用多媒体形式，广泛宣传身边劳动模范的事迹。通过分享经历感悟、回顾奋斗历程、交流人生心路等方式，让广大学生深入了解劳模人物、领悟劳模精神，从而更加坚定理想信念。党团积极分子基本都是青年中的优秀楷模、先进骨干，他们在日常生活和学习中都是同学们学习的榜样，他们的一言一行都能影响身边的同学。如果他们能自觉践行劳动精神，在日常学习和生活中做到艰苦奋斗、吃苦耐劳，就会带动身边的同学热爱劳动、敢于拼搏，形成用"优秀"带动"优秀"的浓厚氛围。

二是要让身边的榜样讲好模范的故事。高校辅导员、班主任和任课教师不仅承担着学生的日常管理工作，更是大学生的知心朋友。他们深受学生信任，对学生的影响深远。高校每年都会评选出"优秀班主任""优秀辅导员""优秀教师"等一批优秀典型，可轮流安排他们进行故事宣讲，并定期开展特色主题活动，以此提升大学生对各行各业优秀人物的认同感，树立他们的光辉形象，促进大学生对劳动精神内涵的深刻理解。通过讲述身边故事，和大学生加强交流融通，在言行举止中不断感染他们；将榜样的个人成长经历、人生体验、处事态度、人格品质传递给每一个学生，感染每一个学生，使劳模精神不再遥远。

三是邀请劳模进入校园。劳模榜样是多种因素凝聚而成的光辉成果，平时人们大多通过各类宣传和材料来认识和了解他们，这使得距离感和概念性比较强，让大众觉得劳模的事迹不可复制，成为一名遥远的劳模。而有意识、有针对性地邀请劳模进校园，通过与他们面对面交流，可以获得更多在事迹材料中无法得到的信息，从他们的语言表达、肢体动作中感受到劳模的成长历程、人格魅力与情怀，体会到劳动的伟大与光荣，增强对劳动真谛的领悟，实现榜样力量的传递。

参与校园文化活动是大学生实现综合素质全面发展的重要途径，它为大学生提供了展现自身才能的舞台，同时在参与活动的过程中，大学生能够实现自我价值的提升。形式多样的文化活动深受广大学生喜爱，以文化活动为载体的教育形式能够充分调动学生的主观能动性，增强学生主动参与学习活动的自觉性，进而提升教育的实效性。

高校应引导学生开展富有劳动内涵的校园文化活动。一是组织开展与劳动主题有关的演讲比赛、辩论赛、征文比赛等，从多角度引导学生树立马克思主义劳动观。对于组织比赛的学生来说，在撰写活动策划书、敲定活动方案的过程中，能够深切感受到劳动的辛苦，在活动圆满结束后又能够体会到付出劳动所带来的喜悦感与成就感，这个组织过程其实也是一场生动的劳动教育。对于参赛选手来说，在准备演讲比赛稿件、辩论赛辩词、征文比赛文稿时，需要多方面搜集劳动精神、劳动观、劳模事迹等素材和案例，只有通过不断吸收有关劳动的知识，才能输出高质量、有核心竞争力的作品，从而获得心仪的奖项。学生备赛是一个内化与外化相统一的过程，能够通过自己的努力让劳动理念深入人心。二是开展大学生自强之星、高校劳动代言人评选等活动，为学生搭建展现自身魅力和风采的舞台，让学生在日常生活、专业学习、学科竞赛、社会实践等方面下功夫，在不懈奋斗的过程中实现全面发展，从而感受到劳动的价值和意义。三是举办与劳动主题相关的文艺晚会、艺术节等，鼓励学生通过编排歌曲、舞蹈、小品、音乐剧等形式，展现出劳动的力量和劳动者的魅力，以节目的形式将劳动价值观潜移默化地输出，达到劳动教育的目的。

通过开展积分竞赛活动做好日常生活中的劳动教育。一方面，可以开展"五星级宿舍"评比等活动，从宿舍卫生环境、文化氛围、学习成绩等方面对学生进行考核，对宿舍卫生整洁、物品摆放有序、文化氛围浓厚、成绩整体优异的宿舍给予正向积分，实行累计积分达到一定分值后可换取证书的激励模式，激发学生的荣誉感和好胜心，从而通过做好寝室建设工作强化劳动意识；另一方面，可通过组织垃圾分类等比赛提高学生的劳动能力，要求学生按照垃圾分类要求投放垃圾，学校与物业管理员配合对学生的垃圾分类情况进行打分，表现优秀的宿舍及个人可累计积分，达到一定分值就可被授予"垃圾分类小达人"称号，用荣誉来激励学生规范日常行为，鼓励学生追求进步、积极劳动。

利用重大节日开展特色活动，深入推进劳动教育。在日常生活中，节日能够增强人们的仪式感，在节日这一天举行庆祝活动或其他形式的活动，容易给人留下特殊、深刻的记忆。高校应利用好重要的节日和时间节点，开展与之相关的劳动活动，以此提升学生对劳动的仪式感，从而强化他们的认同感和提高参与度。例如，学校可利用学雷锋日活动开展校园清洁、无偿献血等活动；利用植树节、劳动节等组织各个班级开展植树、种花等活动；利用父亲节、母亲节、重阳节等开展关爱父母、走进敬老院等活动，为有需要的群体提供帮助；在毕业季开展公益义卖等活动，让学生在实践中感受劳动精神，收获劳动带来的快乐。

（三）发挥物质环境载体的涵养作用

美丽的校园总是令人心旷神怡，每个角落都会让人忍不住多看几眼。若能在校园的各处景观内融入劳动理念的元素，发挥物质环境载体的育人作用，劳动教育便能达到事半功倍的效果。一是在校园内打造劳动教育文化长廊，在学校主干道旁、校园大广场、田径场、公寓楼中心等人群较为集中的地方，集中展示劳动理念、劳动标语、劳动模范、劳动事迹等劳动教育内容，以此增强师生的思想认同感。二是注重校园内的楼道文化建设，在教学楼、办公楼等师生经常出入的场所，以多媒体投放和实物展示等方式来呈现劳模工匠的成长轨迹和成长故事，使劳动精神融入师生的日常，让广大师生在潜移默化中感受劳动精神。三是可将学校每年评选出的"优秀工作者""优秀大学生""优秀党员""自强之星"等师生的照片制成宣传海报，张贴在文化宣传栏上，增强其他师生的荣誉感和使命感，强化其劳动意识和进取意识，提升劳动教育的吸引力和感染力。

二、拓展高校劳动教育的新媒体载体

"新媒体"是利用数字技术、网络技术，通过互联网、无线网络等渠道向用户提供信息的传播方式。新媒体所具备的即时性、交互性、直观性、共享性给现代信息社会的发展带来了极大的转变，对人们的生活方式、学习方式的变革有着重大的影响。在不断的科学技术革新下，新媒体已逐渐成为人们日常生活的必需品，也是人们讨论热点话题的重要载体。充分借助各类新媒体平台开展高效劳动教育实践已成为时代的选择，具体来说，可以通过以下几种方式实现。

（一）通过新媒体载体创新线上教学课堂

一是打造微课堂。"微课"以教学时间短、教学内容精悍为显著特点，以视频为主要载体，采用视频录制或现场直播的方式，记录教育者在课堂内外的教育教学过程。教师在微课中通常只围绕某一个知识点展开深入浅出的讲解。课程还附带课件，方便学生清晰地回顾授课内容。同时，课程还包括相关课程的其他素材，如课程设计、拓展素材、测试题目、互动点评等，这在一定程度上构建了教学资源库，将碎片化的劳动知识整合起来，把"教"与"学"灵活地结合起来，有助于提高教育教学的实际效果。高校要利用好"微课"这一载体，通过专业的教学方法对教学材料、教学任务进行分析，把握好教学内容、教学设计、教学方案及教学效果，录制出思路清晰、内涵丰富、表达生动且能启发思考的微视频。做到各个环节环环相扣，使学生能够有效地吸收视频教学内容。同时，还要利用"微课"载体的灵活性、便捷性，在第一时间收集学生的学习反馈及学习评价，采纳有价值的建议进行课堂的提升，真正做到活动式教学，大大提高学生学习的自主性和参与度。

二是搭建慕课教育载体。慕课（MOOC）是一种"大规模开放的在线课程"，是新近涌现出来的一种在线课程开发模式，以连通主义理论和网络化学习的开放教育学为基础。慕课的覆盖范围广泛，它与只有几十个或几百个学生上课的传统课程不同，一门慕课课程动辄上万人，多则十几万人。慕课具有独特的授课形式，它通过网络将身处不同地域、具有不同文化背景、有着不同需求的受教育者聚集起来，跟随授课者学习相关主题或内容。这种学习方式虽然对学习者本身并没有特殊要求，但学生往往会自主成立网上学习小组，定期参与网上研讨、线上测验等。参与慕课学习不受时间和空间的限制，无论身在何处，只要一台可以连接网络的电脑，花最少的费用就可以学习大学的一流课程。因此，慕课是解决当前全球高等教育成本昂贵、教育资源分布不均、自主学习需求旺盛等问题的最佳方案。[1]通过慕课推动劳动教育载体创新发展是行之有效的路径。一方面，基于慕课的开放性和共享性，学生在慕课中能接触到不同教师看问题的视角，听到对某一问题的不同观点，这有助于拓宽学生的思维。慕课资源不限区域，内容广泛且可共享，学习者可全方位、随时随地学习。另一方面，慕课教育载体使学习者比普通课堂更容易集中精力。学习者可以自主学习，对不懂的地方可多学几遍或者放慢学习速度，个人的零碎时间也可以充分利用起来。

三是运用好直播创新课堂。直播课指的是师生同时在线，基于某些直播平台开展线上实时网络教学，是一种以教师为主讲、学生为听众、师生共同互动的授课模式。在"互联网+教育"的推动及由于新冠疫情学校不能按常规开学的背景下，直播课凭借着它灵活、及时、足不出户等特点在教育系统中火了起来。直播课有别于其他线上教学课程形式，它并非借助录制视频开展教学活动，而是通过师生同步在线的方式，达成互动教学的效果。教师通过在线提问、随时点名的方式，掌握直播间内每一位学生的在线情况，这样可以避免学生出现挂机、刷课等情况。同时，由于直播间具有刷屏、留言等功能，教师进行在线提问时不再拘泥于某一个学生，所有听课学生皆可通过直播间留言发表个人的观点及看法，这有利于教育者精准把握学生对于知识点的理解与接受程度，从而更好地把握教学节奏。

因此，开设直播课是做好高校劳动教育的重要创新载体。一方面，教育者在开设

---

[1] 潘燕桃，廖昀赟.大学生信息素养教育的"慕课"化趋势[J].大学图书馆学报，2014，32（4）：21-22.

直播课时，不能像传统授课一样采取"满堂灌"的输出模式，自始至终都由老师讲、学生听。这样不仅不能充分发挥出直播课载体的互动性、灵活性，还会使直播课在学生心里的印象大打折扣。教育者要借助一些与课本知识有关的热点话题，在直播时充分发挥出直播课载体的互动性、灵活性，还可在直播课内引发讨论，让学生主动寻找支持自己观点的理论依据，在互动交流中强化知识结构，让学生从被动灌输学习变为主动寻求真知，变不得不学为主动想学。另一方面，教育者要通过不断学习提升自身的新媒体运用水平与技巧，学会使用直播间里的留言、点赞、连麦等功能，并将这些功能当成自己的教学辅助手段。比如，通过要求学生留言进行打卡和回答问题，通过邀请学生点赞加强互动，通过连麦实现师生面对面交流，等等，最终达到最佳的教学效果。

（二）通过在线门户网站创新劳动教育载体

在线门户网站是一个集文化教育、生活服务、旅游娱乐于一体的综合性网络互动虚拟平台，同时，兼具为广大师生提供平台定制、个人群组、虚拟相册等教育信息网络化的全方位服务功能。搭建在线教育门户网站来开展劳动教育，具有多方面的优势。一方面，它可以帮助师生实现零距离教学互动，拓展师生的交流、互动渠道；另一方面，它可避免在线下举办教学活动时，耗费大量人力、物力、财力，能够方便、快捷、低成本地开展教学交流活动、线上劳动实践活动等。

一是搭建大学生劳动教育工作专题网站。网站是搜索、获取各类信息最重要、最方便的载体。大学生可广泛参与专题网站建设，构建学校、院系、班级（支部）三级劳动教育工作专题网站。在站点设计上，可以设置文件学习、知识传播等专题栏目；在网站内容上，需要选择大学生日常学习生活、大学校园文化、人际交往、专业就业、心理健康、文化娱乐等方面的内容，以此实现网站建有所用的功能。在建设实施过程中，突出"生建生用、生建生管"的基本理念，确立工作流程，梳理规章制度，让学生产生建网站的兴趣，提升他们的参与度和成就感，从而在一定程度上培养他们的劳动价值观。同时，在网络站点建成后，还应积极利用网站发布大学生广泛关注的热点信息，帮助他们解决难点问题，形成正确的舆论导向，把劳动教育的内容、要求、目标、主题等贯穿在网络站点建设的方方面面。

二是开设大学生劳动教育网络骨干培训班。为了在相应的劳动教育网络平台上宣传推广劳动观，可以采用骨干带动的模式来开设大学生劳动教育网络骨干培训班，广泛邀请学校、院系、班级三级劳动教育网络的骨干成员参与。授课可以采用线上线下相结合的方式。在培训班课程设置方面，可以将范围扩大到劳动教育相关领域，邀请专家前来授课，请劳动模范来现场分享经验，让参训骨干深入了解劳动理论，把劳动提升到社会文明的高度，并在日常实践中贯彻实施。培训班的组织形式可以采用理论与实践相结合、线上线下同步的方式，尤其要充分运用网络板块，传输劳动教育视频、资料、时事报道等内容，开通网络互动功能，让培训班成员能在线上进行充分的交流互动。梳理好留言、体会板块的内容并整理成册后可供学习展示，以此促进学生共同提高，形成良好的学习氛围。

三是组建大学生劳动教育名师工作室。学生的学习离不开教师的有效指导，大学生劳动教育网站的建立也是同样的道理。在网站建设过程中，可以协调与劳动教育相关的专家教授参与，为其提供有力指导。特别是校内干部教师更应该积极参与，促进师生深度交流，为学生答疑解惑。根据行业、经济的特点组建劳动教育相关名师工作室，可以为大学生认识热点问题和树立劳动观提供便利。工作室还可以作为一个平台，吸引更多的学生参与劳动教育，寓教于室、寓教于网、劳逸结合。

（三）通过社交工具构建在线劳动教育平台

随着网络信息技术的发展，网络社交工具也为学校开展劳动教育提供了新的契机。网络社交工具具有便捷性、超时空性、平等性、多样性的特点，牢牢吸引住了当代大学生，形成"无人不QQ""无人不微信"的局面。搭建社交工具在线教育平台，运用学生最喜爱的方式开展劳动教育，无疑是提高高校劳动教育有效性、实效性的最佳路径之一。

一是运用专属微信公众号开展劳动教育。公众号指的是一个账户管理者可以定时向订阅用户推送编辑文章、专题信息，进行信息发布与分享的交流平台。后台运营者通过订阅号将信息进行点对点、点对面的直接传播，不仅目标精准、高效便捷，还可以提供多方位的服务功能。此外，订阅用户的信息接收与分享能够延伸信息的共享链条，通过一键转载分享至QQ空间、微信朋友圈等，将信息传播给更多用户，省时省力，有效扩大了订阅号的覆盖面、影响力。高校运用微信公众号开展劳动教育知识普及，要指定特定的机构或者相关教研室老师负责运营，确保信息发布的权威性、准确性，使其能有效地服务高校劳动教育的开展。此外，要根据传播内容的特性将平台划分成不同的板块与栏目，如劳动模范故事、劳动观理论、劳动技巧、劳动实践活动等，并用学生中流行的"微言微语"结合文字、图片、语音、视频等多种形式实现互动传播，在充分展示亲和力和感召力中实现劳动主流意识形态、劳动价值观与微信的对接，营造浓厚的劳动主流舆论氛围。同时，可定期举办基于"微访谈""微辩论""微展示""微演讲""微咨询"等教育活动，在互动交流中传道答疑解惑，对大学生订阅用户产生潜移默化的正面引导，达到积极的劳动教育效果。[①]

二是通过QQ群构建劳动教育工作平台。QQ是当下高校学生中最为常用的交流工具之一，QQ群也成为大家学习交流的重要载体。群主在创建群后，不仅可以邀请朋友或者有共同兴趣爱好的人进入群里聊天，还能提供各项服务，用户可以使用论坛、共享文件等多种交流方式。QQ群功能强大且免于维护，利用QQ群开展大学生劳动教育

---

① 双维.用微信公众号拓展大学生思想政治教育平台探究[J].传播与版权，2015（8）：161-162.

不用考虑系统的开发与维护问题，便于操作。①一方面，要利用群聊、群公告、群共享等构建网络工作平台，便于发布信息。群聊和群公告由群主掌握，发布的信息简明扼要，传播广泛迅速，能够做到人人尽知，保证了重要通知、重要信息的及时有效传播，有关劳动教育信息的传播在这方面也更有保障。另一方面，要运用好QQ群的邮件、相册等其他辅助功能，组织大学生进行劳动教育的专题讨论，开展主题教育活动。通过群视频模块，老师组织学生即时讨论劳动人物事迹、大国工匠精神等劳动教育专题，再通过群讨论，让学生共享劳动资料和劳动成果，引导学生热爱劳动、崇尚劳动、勤于劳动、善于劳动。

三、打造多样性的劳动教育实践平台

"纸上得来终觉浅，绝知此事要躬行。"劳动教育仅靠课堂教学引导、校园文化熏陶是不够的，还需要落实到社会实践中。社会实践是发挥劳动教育作用的重要途径。

发挥劳技中心、学农基地的育人功能。以往劳动教育由于受到时间、空间、资源的限制以及个人观念等因素影响，实践往往流于表面形式，缺乏对"真实"世界的认识与体验，这在很大程度上影响了学生劳动意识的培育和劳动行为的养成。从现实情况来看，学生最需要真实的劳动体验，感受劳动的过程和意义，而走进农场的学习就是最真实的、最接地气的劳动教育。学生通过亲临、亲触、亲做去体悟劳动，可帮助学生初步了解职业特性，在职业体验中感受劳动魅力。这不仅能增强学生的劳动观念，还能培养他们形成一种现代"新生活"的方式，从而拥有创造的能力、幸福生活的能力。一是学校可在校园内打造学农实践基地。学校可充分利用校园荒地，规划建成"两区两园"学农基地，即"家禽区""淡水养殖区"以及"菜园""果园"。搭建"家禽区"及"淡水养殖区"，一方面便于学生近距离观察和接触，通过亲自喂养与养殖，感受劳动生活真实的模样，在劳动的过程中增强认知、提升技能；另一方面开拓"菜园"和"果园"，让学生种下自己喜欢的水果、蔬菜种子，如葡萄、青菜等，亲身实践能极大地提升学生对于劳动课的兴趣。同时，在收获的季节看到硕果累累，学生能真切地感受到劳动的价值。此外，优质果蔬可作为食堂原材料进行加工，减轻后勤部门的菜品采购压力，实现自给自足，可谓一举两得。二是成立校园"农耕文化展厅"。通过陈列、展示从田间地头收集来的播种工具、灌溉工具、收获工具、加工工具、运输工具等，让学生了解我国农业发展的历程、取得的业绩和将来发展的愿景，并通过图文展示农业发展史、相关名人事迹及著作，让学生充分了解农业生产的相关知识和农业发展，懂得农业是支撑国民经济建设与发展的基础，潜移默化地对学生进行热爱农业、热爱农村、热爱劳动人民的教育。

开展形式多样的志愿服务活动。志愿服务活动不以营利为目的，由志愿者发起，旨在帮助他人、服务社会，其核心要义在于服务奉献。大学生参加志愿服务活动，不

---

① 黄平江.利用QQ群构建高校辅导员工作网络平台[J].琼州学院学报，2008（4）：57-58.

仅能锻炼理论运用能力、沟通能力和动手能力，还能在实践中强化劳动意识和培养奉献精神。此外，大学生在课余时间参加各种公益劳动，通过持之以恒、日积月累的劳动锻炼，学会从点滴做起，亲身感受劳动带来的乐趣，营造"会劳动、爱劳动、珍惜劳动成果"的良好氛围。可见，大学生参与志愿服务活动对于落实劳动教育具有可行性和实用性，能够切实提高服务性劳动教育的实效性。从志愿服务活动方面来看，学校应充分联动协同工会、共青团、妇联等群团组织以及各类公益基金会、社会公益组织，搭建志愿服务活动平台，支持、保障学生开展志愿服务活动。同时，应同步发挥好校内公益类组织或社团的主导作用，对接学校图书馆以及附近社区、医院、福利院等单位，联合策划志愿服务项目，组织志愿者定期开展公益服务活动，推进志愿服务日常化。此外，学校还应立足自身的办学特点，结合学生专业创新、志愿服务活动品牌，以特色优势赋能志愿服务活动。例如，医学类高校可以组织学生开展爱心义诊、爱心健康体检等志愿服务，丰富学生参与劳动的主观体验，使受教育者在参与各类志愿服务活动中，既能体验到劳动的意义和价值，又能获得成就感、自信心，强化专业认同。

高校要积极搭建校内校外协同育人的劳动教育实践平台。协同育人是现代高等教育充分利用教学资源提升教学效果的有效育人模式。该模式联合众多优质资源共同发力，为劳动教育的实施保驾护航，实现多赢。劳动教育实践平台的创建主要包含两个方面的内容：第一，校内劳动教育协同育人平台的搭建。具体包括整合校内多方资源，努力实现教学工作、学生工作、管理工作的协同，以及教师、辅导员、管理人员和学生的有效协同，改变过去高校各部门、各岗位人员各自为政的局面。学校可以根据大学生的专业特点，依托相关校园社团，在学工、团委、资助中心等部门的配合下，开展劳动教育实践活动。例如，现阶段校园教学区和宿舍区的公共卫生等大多由专业环卫人员或保洁人员负责，其实是将类似卫生保洁、餐饮服务等相关生活、生产劳动运用于劳动教育实践教学，这不仅是良好的实践教学内容，更是锻炼学生劳动能力和服务意识的最佳选择。同时，学校内部的超市运营、机械维修、景观设计、园林绿化等各行各业都能为学生生产劳动或专业实训提供良好的机会。理工科的计算机、电子工程、材料物理等专业的学生可定期帮助全校师生免费维修电脑、开设新型产品技术服务和App研发工作室、举办高科技产品推广服务、创办校园旧物回收公司、开拓二手物品买卖平台等。通过这些实践活动，在与学生息息相关的学习和生活环境中，让劳动教育贴近学生、贴近实际、贴近生活。这不仅能弥补实践活动单一、实施效果不明显的不足，还能激发大学生的主观能动性，将"学"和"玩"充分结合起来，让学生在日常生活中真实地体验生产劳动，锻炼劳动能力，磨炼劳动品格，培养学生的社会责任感。第二，校内、校外协同育人实践平台的搭建。劳动教育包括生产劳动教育和非生产劳动教育两种形式，而生产劳动教育需要开展多种渠道的实践活动，仅靠校内实践平台是无法实现的，必须充分利用校外资源，对多方平台进行整合，实现协同育人。校内、校外协同育人实践平台构建，通过政府搭台、企业支持、高校对接、共建共享，深化产教融合，促进教育链、人才链与产业链、创新链的有机衔接，以产业和技术发展的最新需求推动高校人才培养改革，形成多方协同的劳动育人模式。例如，企业可与学校深度合作，结合高校的人才优势以及企业紧缺的劳动岗位设立勤工助学、创新创业、实习见习等岗位。这既解决了企业劳动力短缺的问题，学生也得到了实践锻炼的机会，真正实现了双赢。政府要充当桥梁搭建者的角色，发挥政策引导作用。一方面，政府应不断强化自身责任，将劳动教育置于教育发展的重要地位，不断加大劳动教育政策支持力度，通过平台搭建、信息发布、资金引导等，为高校开展劳动教育做好保障和服务。通过成立"劳动教育联盟"，打造"试点+示范"层级推动的工作模式，推动基础较好、具有特色的区域和学校创建示范区，利用第三方组织举办劳动技能培训、劳动用工中的法律知识培训，推动建立和完善科学有效的劳动教育督导和评价机制，通过督导和评价的引导，推动劳动教育有目的、有目标、有针对性地开展，使劳动教育朝着积极的方向发展。

【思考题】

1. 如何拓展创新高校劳动教育的新媒体载体？
2. 大学生社会实践活动的特征有哪些？

Chapter 4

第四章
劳动保障与劳动伦理

大 学 生 劳 动 教 育

第一节 劳动安全常识

安全是一个永恒的话题，在报纸、互联网、电视及其他媒体上，我们时时处处都可以看到有关安全的信息，如饮食安全、信息安全、网络安全、煤矿安全、交通安全等，无不关乎人们的身体健康乃至生命安全。劳动与安全虽是老生常谈的话题，但却与我们的生产生活、生命财产息息相关。多少人因一时粗心大意而疏忽了安全的重要性，不但使自己受到严重的伤害，也给他人造成了无法弥补的损失。这些血淋淋、惨不忍睹的安全事故造成了许多家庭的不幸。虽说"天有不测风云，人有旦夕祸福"，但安全是"1"，其他是"0"。所有工作做得再好，若发生事故，便会出现"10000-1=0"的情况。为了减少悲剧的发生，在劳动中注意安全至关重要，学习劳动安全知识具有重大意义。

当前，劳动教育和安全教育都已被国家相关部门纳入大中小学教育课程体系。安全是劳动的前提，劳动务求安全。

一、劳动保护基本内容

（一）劳动安全的基本内容

劳动安全是指劳动者在生产劳动过程中，其安全和健康没有受到威胁，不存在危险、危害的隐患，处于免除了不可承受的损害风险的状态。全面完整地理解劳动安全的含义，不仅需要从保障劳动安全的多种主体立场去理解，还要了解劳动安全问题产生的原因。从不同主体来看，劳动安全保护是劳动者依法获得的基本劳动权利之一，在生产劳动过程中，劳动者有权要求用人单位提供安全卫生的劳动条件，以保护自身的生命和健康；加强劳动保护，实现安全生产，保护劳动者生命和身体健康是企业用人单位应尽的法律义务；国家可以通过制定一系列劳动保护的法律和法规制度，督促企业用人单位履行法律责任，保障劳动者的劳动安全。

在实际的生产劳动过程中，劳动安全问题的产生是多种因素综合作用的结果，需要综合治理。从造成劳动安全问题的原因来看，既有人的因素，如劳动者个人缺乏安全知识和安全意识，因操作失误而造成的安全事故；也有物的因素，因生产环境和安全条件存在安全漏洞而出现的生产事故；还有人的因素和物的因素共同造成的事故。可以将可能发生的劳动安全问题，按生产劳动岗位性质的不同分为以下几类：在矿井中，可能发生瓦斯爆炸、火灾、水灾等；在机械加工过程中，可能发生绞碾、电击伤；在建筑施工过程中，可能发生高空坠落、物体击打；在交通运输过程中，可能发生车辆伤害事故；在有毒有害工作场所，可能发生职业病危害等。

除了上述生产劳动的直接因素导致的劳动安全问题外，广义的劳动安全问题还包括间接因素导致的安全问题，如劳动者工作时间太长会造成过度疲劳、积劳成疾；女职工从事过于繁重的或有害妇女生理卫生的劳动，也会对女性劳动者的身体造成伤害等。由此可见，保障劳动安全是指在生产劳动过程中，不仅要防止中毒、车祸、触电、塌陷、爆炸、火灾、坠落、机械外伤等危及劳动者人身安全的事故发生，还要防止不当的工作时间和工作强度造成的健康问题。因此，为保障劳动者的劳动安全与卫生，不仅需要国家制定劳动保护相关的法律法规，对企业用人单位的生产安全进行严格管理，还需要劳动者个人掌握必要的劳动安全知识，自觉遵守生产劳动安全规范，养成劳动安全意识，做好个人安全保护措施。

（二）劳动保护的基本内容

劳动安全与卫生保护又称劳动保护，是指保护劳动者在劳动生产过程中的安全与健康，以及国家为保护劳动者在生产过程中的安全和健康而制定的各种法规，包括安全技术规程、劳动卫生规程、对女职工的特殊保护以及各种劳动保护管理制度等。

劳动保护的内容：受保护者是劳动者，保护者是用人单位；保护的对象是劳动者的安全和健康；保护的范围仅限于劳动的过程。

具体而言，劳动保护的内容主要包括安全技术保护、劳动卫生与劳动条件保护、工作时间与休假保护、女职工的特殊保护四个方面。

（1）安全技术保护是指为消除工作中的伤害事故，保证生产过程中的人身、设备和生产安全所采取的各种措施，如针对矿山、建筑、冶金、机械制造、化工、交通运输、防火防爆等行业的安全技术规定与标准。

（2）劳动卫生与劳动条件保护是指为保障劳动者的身体健康，防止职业危害、预防职业病所采取的一系列标准以及措施，主要预防各种粉尘、有毒物、物理环境危害、致病生物危害等威胁劳动者身心健康的因素。

（3）工作时间与休假保护是指根据法律法规的规定，用人单位有权合理组织劳动者的工作时间、休息休假，有义务按规定给劳动者发放应有的报酬，劳动者有义务遵守企业劳动纪律等规章制度。

（4）女职工的特殊保护是指根据法律法规规定，用人单位应考虑女职工生理特点及哺育下一代的责任，依法采取各种措施对其开展特殊保护。

二、劳动安全基本常识

保证劳动安全是劳动者的权利，政府和企业有义务依法提供符合安全卫生标准的劳动条件。为了养成自我劳动安全意识，大学生要学会识别和掌握必要的劳动安全与卫生常识，主要包括安全色与安全标志、个人防护用品等相关知识与使用方法。

（一）安全色与安全标志的识别

安全色与安全标志是在特定工作环境中，为了提醒劳动者做好防护而设置的。每一种安全色、每一个安全标志都有特定的含义，需要劳动者正确识别。

1. 安全色

按照我国安全色标准的规定，安全色有红色、蓝色、黄色、绿色四种。其中，红色表示禁止、停止，用于禁止标志。例如，机器设备上的紧急停止手柄或按键及禁止触动的部位都使用红色。红色有时也用于防火。蓝色表示指令，意味着必须遵守。黄色表示警告和注意。例如，厂内危险机器和警戒线、行车道中线、安全帽等都使用黄色。绿色则表示安全状态或可以通行。例如，车间内的安全通道，行人和车辆通行标志，消防设备和其他安全防护设备都用绿色。

2. 安全标志

安全标志分为禁止标志、指令标志、警告标志和提示标志四类。安全标志牌按要求放在醒目的地方，以便人们能够及时看到并做出相应反应。

（1）禁止标志（见图4-1）：禁止人们的不安全行为。其基本形式为带斜杠的圆形框，圆环和斜杠为红色，图形符号为黑色，衬底为白色。

彩图

图4-1　禁止标志

（2）指令标志（见图4-2）：强制人们必须做出某种动作或者采取防范措施。其基本形式是圆形边框，图形符号为白色，衬底为蓝色。

图 4-2 指令标志

（3）警告标志（见图 4-3）：提醒人们对周遭环境要引起注意，以避免可能发生的危险。基本形式为三角形边框，图形符号为黑色，衬底为黄色。

图 4-3 警告标志

（4）提示标志（见图 4-4）：向人们提供某种信息，如标明安全设施或场所。基本形式为正方形边框，图形符号为白色，衬底为绿色。

彩图

图 4-4　提示标志

> **知识链接**
>
> 　　《消防安全标志 第 1 部分：标志》（GB 13495.1—2015）于 2015 年 8 月 1 日起正式实施。此标准将消防安全标志分为火灾报警装置标志、紧急疏散逃生标志、灭火设备标志、禁止和警告标志、方向辅助标志、文字辅助标志 6 类，共有 25 个常见标志和 2 个方向辅助标志。
>
> 　　此标准增加了消防电话、推车式灭火器、消防炮 3 种标志，并将原标准中规定的紧急出口、消防梯、消防水带、当心火灾－易燃物质、当心火灾－氧化物和当心爆炸－爆炸性物质 6 种标志的名称分别修改为安全出口、逃生梯、消防软管卷盘、当心易燃物、当心氧化物和当心爆炸物。此外，该标准还对消防按钮、安全出口、滑动开门、禁止堵塞、灭火器、消防软管卷盘、禁止用水灭火、方向辅助标志等 12 种标志细节进行了修订。
>
> 　　国家标准委员会有关负责人表示，自 1992 年《消防安全标志》首次发布以来，消防安全标志已在各类建筑和场所中得到广泛应用。此标准的发布实施，将在规范消防安全标志应用、提高消防安全标志的可识别性、预防火灾、保障人民群众生命财产安全等方面发挥重要的作用。

（二）劳动防护用品

1. 劳动防护用品的分类

劳动防护用品可分为头部护具、呼吸护具、眼部护具、听力护具、脚部护具、手部护具、身体护具、防坠落护具和护肤用品九类。

（1）头部护具。头部护具是用于保护头部，可防撞击、防挤压伤害、防物料喷溅、防粉尘等，有钢、塑料、橡胶、玻璃、胶纸、防寒和竹藤安全帽及防尘帽、防冲击面罩等。

（2）呼吸护具。呼吸护具是预防尘肺病和职业病的重要防护品。

（3）眼部护具。眼部护具用以保护作业人员的眼睛、面部，防止受到外来伤害。其可分为焊接用眼护具、炉窑用眼护具、防冲击眼护具、微波防护具、激光防护镜，以及防X射线、防化学、防尘等眼部护具。

（4）听力护具。长期在90dB（A）以上或短时间在115dB（A）以上环境中工作时，应使用听力护具。听力护具有耳塞、耳罩和帽盔三类。

（5）脚部护具。脚部护具用以防止足部伤害，有防滑鞋、防滑鞋套、防静电安全鞋、钢头防砸鞋等。

（6）手部护具。手部护具用于手部保护，主要有耐酸碱手套、电工绝缘手套、电焊手套、防X射线手套、石棉手套、丁腈手套等。

（7）身体护具。身体护具用于保护职工免受劳动环境中的物理、化学因素的伤害。身体护具可分为特殊防护服和一般作业服两类。

（8）防坠落护具。防坠落护具用于防止坠落事故发生。其主要有安全带、安全绳和安全网。

（9）护肤用品。护肤用品用于外露皮肤的保护。其可分为护肤膏和洗涤剂。

2. 劳动防护用品使用的注意事项

劳动防护用品使用的注意事项包括以下几个方面。

（1）根据作业场所的危害因素，正确选择防护用品。

（2）通过教育培训，做到"三会"，即会正确使用防护用品、会维护保养防护用品，会检查防护用品的安全可靠性。

（3）严禁故意或无故弃用防护用品，确保个人防护用品状况良好，如有损坏，应立即向管理人员报告，做到及时更换。

（4）用于急救的呼吸器要定期检查，确保有效，同时，应将其妥善存放在可能发生事故的邻近处，以便取用。

第二节　劳动法规常识

一、《中华人民共和国劳动法》

《中华人民共和国劳动法》（以下简称《劳动法》）是中国特色社会主义法律体系的一个重要组成部分。

（一）《劳动法》概述

《劳动法》于 1994 年 7 月 5 日由第八届全国人民代表大会常务委员会第八次会议通过，根据 2009 年 8 月 27 日第十一届全国人民代表大会常务委员会第十次会议《关于修改部分法律的决定》第一次修正，根据 2018 年 12 月 29 日第十三届全国人民代表大会常务委员会第七次会议《关于修改〈中华人民共和国劳动法〉等七部法律的决定》第二次修正。为了保护劳动者的合法权益，调整劳动关系，建立和维护适应社会主义市场经济的劳动制度，促进经济发展和社会进步，根据宪法，制定本法。

该法共 13 章 107 条，主要内容有：总则、促进就业、劳动合同和集体合同、工作时间和休息休假、工资、劳动安全卫生、女职工和未成年工特殊保护、职业培训、社会保险和福利、劳动争议、监督检查、法律责任和附则。

（二）《劳动法》的调整对象和适用范围

1.《劳动法》的调整对象

《劳动法》的调整对象为劳动关系和与劳动关系有密切联系的其他社会关系。《劳动法》调整的劳动关系的范围包括：企业、个体经济组织、民办非企业单位等组织的劳动关系；国家机关、事业单位、社会团体的劳动合同关系。国家机关、事业单位、社会团体的非劳动合同关系不由《劳动法》调整，而是由《中华人民共和国公务员法》以及其他相关法律调整。

2.《劳动法》的适用范围

《劳动法》第二条明确规定："在中华人民共和国境内的企业、个体经济组织和与之形成劳动关系的劳动者，适用本法。国家机关、事业组织、社会团体和与之建立劳动合同关系的劳动者，依照本法执行。"具体的适用范围包括：

（1）中国境内的企业、个体经济组织和与之形成劳动关系的劳动者。

（2）国家机关、事业组织、社会团体内实行劳动合同制度的以及按规定实行劳动合同制度的工勤人员，其他通过劳动合同与国家机关、事业组织、社会团体建立劳动关系的劳动者。

（3）实行企业化管理的事业组织的人员。

（三）劳动法律关系

1. 劳动法律关系简介

劳动法律关系是指劳动者与用人单位在劳动过程中，基于劳动法律规范而形成的劳动权利和劳动义务关系。

2. 劳动法律关系的构成要素

（1）劳动法律关系的主体。劳动法律关系的主体是指在实现社会劳动过程中，依照劳动法律规范享有权利并承担义务的当事人，包括劳动者、用人单位。

（2）劳动法律关系的内容。劳动法律关系的内容是指劳动法律关系主体双方依法享有的权利和承担的义务。

（3）劳动法律关系的客体。劳动法律关系的客体是指劳动者和用人单位的权利义务共同指向的对象。劳动法律关系的基本客体是劳动行为，即劳动者为完成用人单位安排的任务而支出劳动力的活动。劳动法律关系的辅助客体主要是劳动条件。

二、《中华人民共和国劳动合同法》

我国劳动合同制度从产生到发展再到逐步健全的历程，也是我国劳动力市场化实践逐步取得成效的过程。自 20 世纪 80 年代起，以劳动合同形式建立劳动关系的实践已经开始，并且该实践过程始终与国家经济体制改革的脉络相一致，在曲折中不断前行，并最终形成独特的劳动合同制度。

（一）《劳动合同法》概述

《中华人民共和国劳动合同法》（以下简称《劳动合同法》）被誉为劳动者的"保护伞"。《劳动合同法》于 2007 年 6 月 29 日第十届全国人民代表大会常务委员会第二十八次会议通过，根据 2012 年 12 月 28 日第十一届全国人民代表大会常务委员会第三十次会议《关于修改〈中华人民共和国劳动合同法〉的决定》修正。为了完善劳动合同制度，明确劳动合同双方当事人的权利和义务，保护劳动者的合法权益，构建和发展和谐稳定的劳动关系，制定本法。

该法共 8 章 98 条，主要内容有：总则、劳动合同的订立、劳动合同的履行和变更、劳动合同的解除和终止、特别规定、监督检查、法律责任和附则。

（二）劳动合同订立的基本制度

劳动合同是劳动者与用人单位确立劳动关系、明确双方权利和义务的协议。建立劳动关系，应当订立劳动合同。订立劳动合同时，应当遵循合法、公平、平等自愿、协商一致、诚实守信的原则。

1. 劳动合同的形式和具体内容

建立劳动关系，应当订立书面劳动合同。《劳动合同法》第八十二条规定："用人单位自用工之日起超过一个月不满一年未与劳动者订立书面劳动合同的，应当向劳动者每月支付二倍的工资。用人单位违反本法规定不与劳动者订立无固定期限劳动合同的，自应当订立无固定期限劳动合同之日起向劳动者每月支付二倍的工资。"《劳动合同法》第十七条规定："劳动合同应当具备以下条款：①用人单位的名称、住所和法定代表人或者主要负责人；②劳动者的姓名、住址和居民身份证或者其他有效身份证件号码；③劳动合同期限；④工作内容和工作地点；⑤工作时间和休息休假；⑥劳动报酬；⑦社会保险；⑧劳动保护、劳动条件和职业危害防护；⑨法律、法规规定应当纳入劳动合同的其他事项。劳动合同除前款规定的必备条款外，用人单位与劳动者可以约定试用期、培训、保守秘密、补充保险和福利待遇等其他事项。"

2.劳动合同期限

劳动合同可分为固定期限劳动合同、无固定期限劳动合同和以完成一定工作任务为期限的劳动合同三种。

固定期限劳动合同是指用人单位与劳动者约定合同终止时间的劳动合同。用人单位与劳动者协商一致，可以订立固定期限劳动合同。

无固定期限劳动合同是指用人单位与劳动者约定无确定终止时间的劳动合同。无固定期限劳动合同的签订条件如下：①劳动者在该用人单位连续工作满十年的；②用人单位初次实行劳动合同制度或者国有企业改制重新订立劳动合同时，劳动者在该用人单位连续工作满十年且距法定退休年龄不足十年的；③连续订立二次固定期限劳动合同，且劳动者没有《劳动合同法》第三十九条和第四十条第一项、第二项规定的情形，续订劳动合同的。用人单位自用工之日起满一年不与劳动者订立书面劳动合同的，视为用人单位与劳动者已订立无固定期限劳动合同。

以完成一定工作任务为期限的劳动合同是指用人单位与劳动者约定以某项工作的完成为合同期限的劳动合同。用人单位与劳动者协商一致，可以订立以完成一定工作任务为期限的劳动合同。

3.劳动合同的试用期

劳动合同的试用期是用人单位和劳动者为了相互了解、选择而在合同中约定的一定期限的考察期。对于试用期的期限有明确规定：劳动合同期限三个月以上不满一年的，试用期不得超过一个月；劳动合同期限一年以上不满三年的，试用期不得超过二个月；三年以上固定期限和无固定期限的劳动合同，试用期不得超过六个月。同一用人单位与同一劳动者只能约定一次试用期。以完成一定工作任务为期限的劳动合同或者劳动合同期限不满三个月的，不得约定试用期。试用期包含在劳动合同期限内。劳动合同仅约定试用期的，试用期不成立，该期限为劳动合同期限。

劳动者在试用期的工资不得低于本单位相同岗位最低档工资或者劳动合同约定工资的百分之八十，并不得低于用人单位所在地的最低工资标准。

在试用期中，除劳动者有《劳动合同法》第三十九条和第四十条第一项、第二项规定的情形外，用人单位不得解除劳动合同。用人单位在试用期解除劳动合同的，应当向劳动者说明理由。

4.劳动合同服务期与竞业限制

用人单位为劳动者提供专项培训费用并对其进行专业技术培训的，可以与该劳动者订立协议，约定服务期。劳动者违反服务期约定的，应当按照约定向用人单位支付违约金。违约金的数额不得超过用人单位提供的培训费用。用人单位要求劳动者支付的违约金不得超过服务期尚未履行部分所应分摊的培训费用。用人单位与劳动者约定服务期的，不影响按照正常的工资调整机制提高劳动者在服务期间的劳动报酬。

用人单位与劳动者可以在劳动合同中约定保守用人单位的商业秘密和与知识产权相关的保密事项。对负有保密义务的劳动者，用人单位可以在劳动合同或者保密协议中与劳动者约定竞业限制条款，并约定在解除或者终止劳动合同后，在竞业限制期限内按月给予劳动者经济补偿。劳动者违反竞业限制约定的，应当按照约定向用人单位支付违约金。

（三）劳动合同履行与变更

用人单位与劳动者应当按照劳动合同的约定，全面履行各自的义务。用人单位应当按照劳动合同约定和国家规定，向劳动者及时足额支付劳动报酬。用人单位拖欠或者未足额支付劳动报酬的，劳动者可以依法向当地人民法院申请支付令，人民法院应当依法发出支付令。用人单位应当严格执行劳动定额标准，不得强迫或者变相强迫劳动者加班。用人单位安排加班的，应当按照国家有关规定向劳动者支付加班费。劳动者拒绝用人单位管理人员违章指挥、强令冒险作业的，不视为违反劳动合同。劳动者对危害生命安全和身体健康的劳动条件，有权对用人单位提出批评、检举和控告。用人单位变更名称、法定代表人、主要负责人或者投资人等事项，不影响劳动合同的履行。用人单位发生合并或者分立等情况，原劳动合同继续有效，劳动合同由承继其权利和义务的用人单位继续履行。用人单位与劳动者协商一致，可以变更劳动合同约定的内容。变更劳动合同，应当采用书面形式。变更后的劳动合同文本，用人单位和劳动者各执一份。

（四）劳动合同的终止与解除

1.劳动合同终止与解除的情形

劳动合同的终止是指符合法律规定情形时，双方当事人的权利义务不复存在，劳动合同终止不存在约定终止条件，只有法定终止。用人单位与劳动者不得再另行约定其他的劳动合同终止条件。有以下情形之一的，劳动合同终止：①劳动合同期满的；②劳动者开始依法享受基本养老保险待遇的；③劳动者死亡，或者被人民法院宣告死亡或者宣告失踪的；④用人单位被依法宣告破产的；⑤用人单位被吊销营业执照、责令关闭、撤销或者用人单位决定提前解散的；⑥法律、行政法规规定的其他情形。

劳动合同的解除是指当事人双方提前终止劳动合同的法律效力，解除双方的权利义务关系。劳动合同解除可分为以下几种类型：意定解除、劳动者提前通知单方解除即劳动者主动辞职、劳动者随时单方解除即被迫解除、用人单位单方通知解除、用人单位提前通知单方解除。除了意定解除以及劳动者在人身受到威胁、被强迫情形下解除劳动合同，不需要履行相应的法定程序外，其他均需履行相应的程序。

2. 经济补偿与经济赔偿

经济补偿是指劳动合同解除或者终止时，用人单位应当在法定情形下向劳动者支付相应的经济补偿金的制度。需要用人单位支付经济补偿金的情形包括：第一，因用人单位存在《劳动合同法》第三十八条规定的违反劳动法律法规规定或者合同约定的情形，劳动者行使单方解除权解除劳动合同的。第二，用人单位提出并最终经双方协商一致解除劳动合同的。第三，用人单位因劳动者存在《劳动合同法》第四十条规定的因客观原因而解除劳动合同的，也就是无过失辞退劳动者的。第四，用人单位因符合《劳动合同法》第四十一条规定而进行经济性裁员的。第五，除用人单位维持或者提高劳动合同约定条件续订劳动合同，劳动者不同意续订的情形外，固定期限劳动合同期满终止的。第六，因用人单位被依法宣告破产，或者用人单位被吊销营业执照、责令关闭、撤销，或者用人单位决定提前解散而终止劳动合同的。第七，以完成一定工作任务为期限的劳动合同因任务完成而终止的。

经济补偿按劳动者在本单位工作的年限，每满一年按照支付一个月工资的标准向劳动者支付。六个月以上不满一年的，按一年计算；不满六个月的，向劳动者支付半个月工资的经济补偿。劳动者月工资高于用人单位所在直辖市、设区的市级人民政府公布的本地区上年度职工月平均工资三倍的，向其支付经济补偿的标准按职工月平均工资三倍的数额支付，向其支付经济补偿的年限最高不超过十二年。这里的月工资是指劳动者在劳动合同解除或者终止前十二个月的平均工资。

用人单位违反本法规定解除或者终止劳动合同，劳动者要求继续履行劳动合同的，用人单位应当继续履行；劳动者不要求继续履行劳动合同或者劳动合同已经不能继续履行的，用人单位应当依照本法第八十条规定支付赔偿金。

第三节 劳动权益保障

一、劳动者的权利

《劳动法》第三条规定："劳动者享有平等就业和选择职业的权利、取得劳动报酬的权利、休息休假的权利、获得劳动安全卫生保护的权利、接受职业技能培训的权利、享受社会保险和福利的权利、提请劳动争议处理的权利以及法律规定的其他劳动权利。"

（一）劳动就业权

劳动就业权具有以下法律特点：劳动就业权是劳动者个人的权利，这一权利由劳动者自行支配，他人无权干涉或代替行使；劳动者有劳动与不劳动的自由，政府虽然鼓励人们积极参加劳动，但也不能实施强迫劳动。劳动就业权作为工作权，一般包括两重含义：一是自由工作或就业的权利，即平等就业权和自由择业权；二是请求提供有报酬的工作机会的权利，即职业保障权。

（二）劳动报酬权

劳动报酬权是劳动者在劳动关系中享有的基本和核心的权利。劳动报酬是劳动关系的劳动者因付出劳动而获得的以工资为基本形式的物质补偿，它是必要劳动的特殊形态。劳动报酬权有两项法律特点：一是这一权利在劳动关系中具有债权性质，即雇主必须支付给劳动者以工资报酬；二是这一权利是劳动者生存权的基本内容之一，具有特别重要的意义。劳动报酬问题是个别劳动关系中最重要的问题。

（三）休息休假权

休息休假权实质上是劳动者的生命权和健康权，它是关系到劳动者本人以及生命延续的基本人权。劳动者得以生存的物质前提是生命和健康。为确保劳动者的生命和健康，必须对劳动者的劳动时间和劳动强度有所限制，保证劳动者为恢复体力、料理家务、繁衍后代享有充分的休息休假时间。休息休假与工作时间直接相关。工作时间是指劳动者在工作单位完成工作任务所要付出的时间。限制劳动时间是劳动者休息休假权利的重要内容。劳动时间的确定主要依据两个原则：一是保证劳动者健康；二是劳动者能够完成相当数量的生产任务。需注意的是，这两个原则都受到历史和社会因素的制约。

（四）劳动安全卫生权

劳动安全卫生权是指劳动者在劳动过程中，为保证自己的生命和身心健康而享有在工作场所获得职业安全和卫生保护的权利。劳动安全卫生权是涉及劳动者生命健康的一项重要的劳动者人权。在《劳动法》中，对于职业灾害遵循的是"非过失责任原则"，即在生产过程中，劳动者的生命健康受到侵害时，即使用人单位没有过失，也要承担一定的赔偿责任。劳动者的劳动安全卫生权的具体标准是由国家颁布的劳动基准法确定的。

（五）职业培训权

职业培训权是指在社会劳动关系中的劳动者享有的，在准备就业和实现就业的过程中，为提高个人的技术技能而参加国家和企业举办的各种职业培训的权利。在市场经济条件下，职业培训权是与劳动就业权联系在一起的，这一权利的行使是为了确保劳动力市场的劳动者就业。这一权利的主体有相当一部分是劳动力市场中有劳动意愿及能力但没有工作的劳动者。劳动者的职业培训权受到国家的有力保障，并且政府有关部门和雇主有实施这一劳动基准权利的义务。

（六）社会保险权

社会保险权是公民社会保障权的一部分，是指劳动者由于年老疾病、失业、伤残、生育等失去劳动能力或劳动机会，因而没有正常的劳动收入来源时，能够通过国家社会保险制度获得物质帮助的权利。从性质上说，《中华人民共和国社会保险法》制定的直接目的是保障劳动者的社会保险权益。社会保险作为劳动者的一项重要权利，既是现代社会发展的客观要求，也是社会公平价值在法律中的体现。劳动者的社会保险权，主要包括失业保险权、养老保险权、工伤保险权、疾病保险权和生育保险权等。

（七）劳动争议提请处理权

劳动争议提请处理权是指劳动者在遇到劳动争议时，为保障自己的合法权益，享有向行政部门、劳动争议处理部门和司法部门提出申请，并要求依照法定程序公正处理的权利。劳动争议提请处理权是在劳动者权利受到侵害后，为请求公力救济而行使的一种请求权。劳动争议提请处理权的提出，明确了劳动者是劳动诉讼的独立主体，确定了劳动者诉讼的法律地位，也表明了劳动者的合法权益可通过公法救济得到保障。

二、女职工的特殊保护

根据妇女的生理特点，在劳动过程和劳动市场中对妇女劳动者实施特殊保护，这是保证人类健康繁衍生存和劳动力再生产质量的大事。

1.就业权利的保障

我国《劳动法》明确规定，妇女享有同男子平等的就业权利。相关法律的主要规定有：

（1）凡适合妇女从事的工作，用人单位不得以性别为由拒绝录用妇女或者提高对妇女的录用标准。

（2）用人单位不得因女职工怀孕、生育、哺乳而降低其工资、将其辞退、与其解除劳动或者聘用合同，也不得以结婚、怀孕、生育、哺乳等为由辞退女职工或者单方面解除劳动合同。

（3）禁止性骚扰。在劳动场所内，用人单位应当预防和制止对女职工的性骚扰行为。

2.女职工禁忌从事的劳动

为保障女职工的身体健康，禁止安排女职工从事不利于身体健康的工作。《劳动法》第五十九条规定："禁止安排女职工从事矿山井下、国家规定的第四级体力劳动强度的劳动和其他禁忌从事的劳动。"

3."四期"保护

针对女职工生理机能方面的变化,我国劳动法律对女职工的经期、孕期、产期和哺乳期("四期")专门制定了特殊保护措施。

(1)经期保护。不得安排女职工在经期从事高处、低温、冷水相关作业。女职工在经期禁忌从事的劳动范围包括:冷水作业分级标准中规定的第二级、第三级、第四级冷水作业;低温作业分级标准中规定的第二级、第三级、第四级低温作业;体力劳动强度分级标准中规定的第三级、第四级体力劳动强度作业;高处作业分级标准中规定的第三级、第四级高处作业。

(2)孕期保护。女职工在孕期不能适应原劳动的,用人单位应当根据医疗机构的证明,予以减轻劳动量或者安排其他能够适应的劳动。对怀孕7个月以上的女职工,用人单位不得延长劳动时间或者安排夜班劳动,并应当在劳动时间内安排一定的休息时间。怀孕女职工在劳动时间内进行产前检查,所需时间计入劳动时间。不得安排女职工在怀孕期间从事国家规定的第三级体力劳动强度的劳动和孕期禁忌从事的劳动。

(3)产期保护。女职工生育享受98天产假,其中产前可以休假15天;难产的,增加产假15天;生育多胞胎的,每多生育1个婴儿,增加产假15天。女职工怀孕未满4个月流产的,享受15天产假;怀孕满4个月流产的,享受42天产假。女职工产假期间的生育津贴,已经参加生育保险的,按照用人单位上年度职工月平均工资的标准由生育保险基金支付;未参加生育保险的,按照女职工产假前工资的标准由用人单位支付。女职工生育或者流产的医疗费用,已经参加生育保险的,按照生育保险规定的项目和标准由生育保险基金支付;未参加生育保险的,由用人单位支付。

(4)哺乳期保护。对哺乳未满1周岁婴儿的女职工,用人单位不得延长劳动时间或者安排夜班。用人单位应当在每天劳动时间内为哺乳期女职工安排1小时哺乳时间;女职工生育多胞胎的,每多哺乳1个婴儿每天增加1小时哺乳时间。

另外,还应设立保护设施和保健措施。女职工较多的用人单位应当根据女职工的需要,建立女职工卫生室、孕妇休息室、哺乳室等设施,妥善解决女职工在生理卫生、哺乳方面的困难。

三、劳动成果的保护

生产生活中的劳动成果多种多样,如工人搬运的货物、厨师制作的美食、医生所做的每一台手术、导演拍摄的电视剧、作者撰写的稿件等,都是劳动成果。任何一项劳动成果都集合了人类的体力劳动和脑力劳动。例如,技术工人在进行焊接时,依靠的不只是焊接所需的体力,更包括对焊接环境、焊接件、焊接状态、焊接要求等方面的综合判断,这就是脑力劳动的体现。医生在手术台上为患者做手术时,不仅考验医生高超的手术技艺,同时还考验医生对患者病情的及时判断、对手术效果的判断和对患者用药的把控能力等。随着人工智能的普及,很多劳动中的体力部分逐渐被机器人代替，但是依然有一些劳动成果的获取无法脱离人的操作，如精密产品的精加工、家政服务的提供等。

任何一种劳动都是平等的，因此，无论是体力劳动成果，还是脑力劳动成果，都需要受到保护。在法律层面，我国制定了很多法律法规来保护不同形式的劳动成果，其中最为典型的便是《中华人民共和国专利法》。该法主要用于保护发明创造专利权，鼓励大众发明创造。此外，当我们购买他人的劳动成果时，《中华人民共和国消费者权益保护法》等法律会保护消费者的合法权益不受损害。

在所有劳动成果中，脑力劳动成果在生产生活中的占比越来越高，从日常使用的电脑和手机，到各类网络游戏，再到随处可见的商标、海报、包装、影片等，这些脑力劳动成果凝聚了大量的人类智慧，体现了人类社会的多元性。很多脑力劳动成果开始影响我们的生活习惯和休闲方式，甚至从根本上改变了我们的衣食住行。随着互联网技术的不断发展，脑力劳动成果的获取变得越来越容易，我们只要动动手指就可以收看自己喜欢的综艺节目、电视剧、电影，也能查询到自己想要的资料。

但是，获取脑力劳动成果并不是毫无限度的，要注意保护知识产权。知识产权是人类在社会实践中创造的脑力劳动成果所享有的专有权利，其显著的特点是专有性，由所有权人专有，其他人不得侵犯。知识产权包括两大类：著作权和工业产权。前者指的是自然人、法人或者其他组织对文学、艺术和科学作品依法享有的财产权利和精神权利的总称；后者指的是工业、商业、农业、林业和其他产业中具有实用经济意义的无形财产权。我国有一系列法律保护不同形式的知识产权，如《中华人民共和国民法典》《中华人民共和国著作权法》《中华人民共和国商标法》等。因此，我们不仅要尊重体力劳动成果，也要尊重信息社会中的脑力劳动成果。在享受丰富多样的劳动产品时，应尊重和保护他人的脑力劳动成果，不可因为脑力劳动成果获取的便捷性而侵犯他人的知识产权。侵犯他人的知识产权不仅是不道德的行为，还有可能触犯法律。只有给予劳动成果充分的尊重和保护，才能激励创作者创作出更多的优秀作品。

四、劳动权益的维护途径

在现实中，劳动权益保障情况尚有不足。除了普遍存在的加班现象，其他诸如性别歧视、带薪休假难以落实、降低劳动条件、随意延长工作时间、拖欠工资、拒付伤残赔偿等损害劳动者合法权益的违法行为依然存在。因此，维护劳动者权益刻不容缓。

劳动权益的维权流程：双方协商—申请调解—申请仲裁—提起诉讼。

（1）双方协商。劳动争议发生后，劳动者应当先尝试与用人单位进行协商。如对于工作时间、加班费、职工福利等不涉及工作变动和人事处理方面的争议，劳动者并不想与用人单位撕破脸，用人单位一般也不希望问题扩大化，在这种情况下，双方进行协商解决的可能性较大，且程序相对简单。因此，协商是最为简便易行的解决方法。

（2）申请调解。劳动者与用人单位可在自愿的前提下，向企业劳动争议调解委员会申请调解。劳动争议调解委员会是用人单位依据《劳动法》和《企业劳动争议处理条例》，在本单位内部设立的专门处理与本单位劳动者之间的劳动争议的群众性组织。除此之外，劳动者还可向依法设立的基层人民调解组织或在乡镇、街道设立的具有劳动争议调解职能的组织申请调解。

（3）申请仲裁。劳动者可直接向劳动争议仲裁委员会申请仲裁，对于未达成调解协议或协议达成后反悔的劳动争议，也可以申请仲裁。但劳动者应当自劳动争议发生之日起 60 日内，向有管辖权的劳动争议仲裁委员会提交书面申请，且应附上相应文件和相关证据材料。

（4）提起诉讼。劳动者如对仲裁裁决不服，可自收到仲裁裁决之日起 15 日内，向人民法院提起诉讼。在劳动争议处理过程中，仲裁是诉讼的前置程序，即当劳动争议发生后，劳动者不能直接到法院起诉，只有在不服劳动仲裁裁决的情况下，在法定期限内才可以诉诸法院解决。劳动争议诉讼是解决劳动争议的最终程序，因此，劳动者应当积极把握这一法律上的最后维权机会。

第四节 劳动伦理教育

一、劳动伦理的本质与意义

劳动是劳动者借助劳动工具，在一定的社会环境中作用于劳动对象的实践活动。作为人类最基本的社会活动，它是人类生存和发展的基础。在劳动实践过程中，人类与动物逐渐区分开来，劳动不仅提高了人类在各种生产实践中的能力，同时也使人类的道德情感不断丰富。劳动者参加劳动的过程涉及人与人性，促进了劳动伦理的形成。虽然社会、经济、政治等因素对劳动者道德意识的形成和发展起决定性的作用，但是劳动者的道德水平反过来也对生产同样有重要的影响。所以说，劳动不仅仅是一种生产实践活动，更是一种深含伦理意义的道德活动，对劳动伦理发展的研究有着重要的理论价值和现实意义。

（一）劳动伦理的本质

中国古代的伦理道德思想高度发达、源远流长，其发端最早可追溯到上古时期，《尚书·尧典》中便论述了孝的伦理规范。成书于西汉的《乐记》总结了先秦时期儒家的音乐美学思想，其中明确提到了伦理，目的在于使音乐与伦理教育相配合，从而为统治者的文治武功服务。与先秦大致处于同一时期的西方社会也在对伦理道德开展研究。大约在公元前 330 年，古希腊哲学家亚里士多德的著作《尼各马可伦理学》问世，这是人类思想史上伦理学体系的奠基之作。这个体系既构成了西方关于人的生命、生活的伦理学思考的大传统，也构成了整个人类伦理学和道德哲学理论的主要基础。《现代汉语词典》（第7版）中对伦理的定义为：人与人相处的各种道德准则。因此，劳动伦理就是将这些道德准则运用到劳动领域。关于劳动伦理的本质，可以从以下三个方面来论述。

首先，从劳动主体来看，每个劳动者都有自己的主体意识，其从事的劳动活动都是基于自身的价值判断和选择的。因此，劳动伦理关系必然是发生在人与人之间的。在劳动过程中，人与人之间形成了各种各样的关系，这才会产生相应的伦理道德规范来对这些关系进行调节。一般而言，劳动伦理所调节的范围主要包括劳动者的劳动过程以及劳动成果的分配等方面。正因为劳动者在劳动过程中处于主体地位，所以劳动必然内含伦理性质。

其次，从劳动过程来看，也能够体现劳动所具备的伦理性质。劳动过程是劳动者运用劳动资料对劳动对象进行加工，进而产生使用价值的过程，它是人类生活永恒不变的自然条件。从劳动过程的定义来看，劳动过程包含劳动者、劳动资料以及劳动对象三个重要的因素。劳动者就是上述所提到的劳动主体，因此，在劳动过程中一定有作为劳动主体的个人的价值判断蕴含其中，而且各个主体的价值判断与伦理道德要求不尽相同，导致劳动结果也受到影响。

最后，从劳动结果来看，劳动者通过劳动，不仅创造出许多的劳动产品，还在劳动过程中逐渐形成了伦理关系规范，这对后人来说是一笔宝贵的精神财富。当然，这种伦理关系规范并不是一成不变的，它是随着时代的进步以及劳动者主体意识的不断发展而发生变化的。

从上面三个维度的分析能够看出，劳动中深深蕴含着伦理本性。在进一步探究劳动伦理的本质方面，我国学术界主要有两派观点：一为道德原则说，二为道德关系说。道德原则说认为，劳动伦理是对劳动关系中道德现象的概括，主要是指在劳动过程中人与其他诸要素之间应当遵守的道德准则，主张劳动伦理是对劳动中诸关系的原则协调。道德关系说认为，劳动伦理是对劳动中各种道德关系的反映，是以善恶评价为标准，依靠社会舆论、传统习俗和人的内心信念的力量来调整劳动关系中的行为规范。劳动伦理以平衡劳动关系、保护劳动者权益为主要特点，贯穿于劳动关系的各个方面。

其实，无论对劳动伦理如何表述，核心都在于立足人的自由存在、人的全面发展和社会全面进步的本质。对社会生产活动和社会劳动关系进行伦理审查与伦理价值层面的考量，旨在守护劳动中人的价值、维护人的尊严，实现人的自由和全面发展。对此，马克思在《1844年经济学哲学手稿》中已有阐发，马克思说：劳动这种生命活动、这种生产生活本身对人来说不过是满足一种需要即维持肉体生存的需要的一种手段……而自由的有意识的活动恰恰就是人的类特征。①

（二）劳动伦理的意义

劳动作为人类生存发展的第一需要，在人们的日常生活中占据着重要的地位。正如马克思所说，"整个所谓世界历史不外是人通过人的劳动而诞生的过程，是自然界对人来说的生成过程"。②因此，解决好劳动过程中必然会涉及的劳动伦理关系，对推动人类社会的发展有着重大的意义。

1.劳动伦理是人类道德体系中的重要一环

劳动是人类所特有的社会实践活动，人为了满足自身的物质和精神需要，会有目的地对人和自然界之间的物质变换过程进行调整和控制，以此改变自然物。与蜜蜂筑巢、蜘蛛织网捕食不同，这些动物的行为都出于本能，而人类的劳动行为都是在自觉意识支配下的能动的活动。正如马克思所指出的那样，蜘蛛的活动与织工的活动相似，蜜蜂建筑蜂房的本领使人间的许多建筑师感到惭愧。但是，最蹩脚的建筑师从一开始就比最灵巧的蜜蜂高明的地方是，他在用蜂蜡建筑蜂房以前，已经在自己的头脑中把它建成了。③因此，人类的劳动行为中必然蕴含着他们自身的个人价值判断。在劳动过程中，劳动者通过不断调整自己与他人之间的关系，渐渐形成了劳动中的伦理道德。劳动者通过劳动改造着世界，因此，他们是社会历史实践的主体，同时也是道德活动的主体。若没有劳动，人类就无法成为人类，伦理道德等与人相关的概念自然也就不会产生。所以说，劳动伦理是伴随劳动这种人类最基本的实践活动而产生的，并且，这种和劳动相关的伦理道德规范与人类社会道德体系的其他方面有着错综复杂的联系。

2.劳动伦理是劳动中道德职能的需要

劳动作为最基本的实践活动，往往有一定的组织形式。在封建社会，很多劳动者以家庭为单位进行生产劳动。随着生产力的发展以及工业的进步，现在的劳动大多以集体形式存在。马克思指出，劳动首先是人和自然之间的过程，是人以自身的活动来中介、调整、控制人和自然之间的物质变换的过程……当他通过这种运动作用于他身外的自然并改变自然时，也就同时改变他自身的自然……他不仅使自然物发生形式变化，同时他还在自然物中实现自己的目的，这个目的是他所知道的，是作为规律决定着他的活动的方式和方法的，他必须使他的意志服从这个目的。但是这种服从不是孤立的行为。除了从事劳动的那些器官紧张之外，在整个劳动时间内还需要有作为注意力表现出来的有目的意志，而且，劳动的内容、方式和方法越是不能吸引劳动者，劳动者越是不能把劳动当作他自己体力和智力的活动来享受，就越需要这种意志。④通过马克思的论述可以看出，劳动使人类产生了道德需要。在这样的劳动集体中，劳动者个人会与他人形成一定的社会联系，此时，这种关系已不仅仅局限在劳动过程中，而

---

① 马克思.1844年经济学哲学手稿[M].北京：人民出版社，2000：57.
② 马克思恩格斯文集（第1卷）[M].北京：人民出版社，2009：196.
③ 马克思恩格斯选集（第2卷）[M].北京：人民出版社，2012：170.
④ 同③：169-170.

是对职业选择、职业规划等方面都有影响。因此，在当前这种劳动集体中，形成良好的劳动伦理道德规范有着十分重要的意义，集体道德水平的高低对集体和个人的道德发展水平有着深远而持久的影响。如果忽视劳动集体伦理道德的建设，那么无论是对劳动者个人，还是对整个社会而言，都会造成不良的影响，不利于和谐社会的建设。

劳动伦理不仅仅是当下劳动集体所需，更是劳动产品分配过程所需的重要道德规范。在劳动过程中，每个劳动者都付出了自己的劳动。当最后设定的劳动计划完成之后，对于所得的劳动产品的分配就成了一个关键性的问题。在这个分配过程中，可能会造成劳动者之间的对立和冲突，在对立过程中，劳动产品分配的规则也就慢慢形成了。所有进入集体中的人都默认遵守这一规则，于是，劳动分配过程中的问题也就减少了。这种分配中所形成的规则，就是劳动道德。劳动产品分配在劳动领域有着重要的影响，习近平总书记指出，"'蛋糕'不断做大了，同时还要把'蛋糕'分好。我国社会历来有"不患寡而患不均"的观念。我们要在不断发展的基础上尽量把促进社会公平正义的事情做好，既尽力而为又量力而行，努力使全体人民在学有所教、劳有所得、病有所医、老有所养、住有所居上持续取得新进展"[①]。

3. 劳动伦理是促进个人全面发展的需要

正是因为有了劳动实践活动，人类才与动物逐渐区别开来，并且能在漫长的人类发展历史中，不断改进生产工具、提高生产力，从而创造出更好的物质生活条件。在这个过程中，不仅人类生存于其中的客观物质世界在不断变好，而且人类自身的认知能力、知识水平以及专业技能等也在不断提高。所以说，人类是在劳动过程中不断地发展着自身的。而劳动伦理在产生之后，就会不断调节和订正劳动过程中人与人之间的关系，从而使这样的关系发展得更为和谐，这对充分发挥劳动对个人全面发展有着巨大的促进作用。例如，劳动伦理规范要求劳动者对待工作要认真负责。如果劳动者没有做到的话，就会面临被辞退的风险，从而失去获取物质生活资料的机会。因此，在这种劳动伦理道德的影响下，很多劳动者都会尽职尽责地将工作做好，面对工作中遇到的新问题，也会积极主动地去寻找解决办法。在潜移默化中，劳动者的个人能力得到了发展，综合素质也获得了提高。所以说，劳动伦理对于促进个人的全面发展起着一定的推动作用。

马克思针对劳动对个人的促进作用提出了劳动本体论。这一理论以及其中所蕴含的辩证法思想，对于整个劳动伦理思想体系的形成有着重要的奠基作用。马克思的劳动本体论思想指出，从劳动的基础属性来看，只有人类能够进行劳动，因此，劳动是人类特有的活动，而且是人类最本质的活动，是人类维持自己生存必须进行的活动。只有出于人的内在生命活动的开展及其需要的满足，才是真正意义上的人类的劳动。劳动是人的创造性活动，也是人开展的对象性活动。在马克思看来，人的劳动是"人

---

① 习近平.切实把思想统一到党的十八届三中全会精神上来[N].人民日报，2014-01-01（2）.

在外化范围内或者作为外化的人的自为的生成"①。从上述的分析中可以看出，正是通过劳动这种活动，人类才证明了自身存在的价值，同时也实现了自身更好的发展。所以，对于人来说，劳动具有本体意义，对人的生存发展具有重要意义。可以说，人正是通过劳动才证明了自身的存在，同时也凭借自身的劳动创造性地实现了自身的发展变化。这凸显了劳动对于人的本体意义。劳动和生命展开的深度契合，说明人的劳动生产的重要性。对此，马克思进一步指出，劳动不单单是源自人的肉体需要，甚至摆脱了这种需要时也要进行生产，并且只有在他摆脱了肉体需要时才真正地进行生产②。这里体现了马克思对精神生产的重要性的强调。所以，马克思为广大无产阶级劳动者的解放所创立的一整套劳动伦理思想，反映了当时社会中劳资关系存在的问题，为劳动者打破这种固化的壁垒提供了途径和方法。

4. 劳动伦理是我国伦理学学科发展的需要

在中华文明的发展进程中，封建社会形态占据了相当长的一段时期。小农经济是封建社会最基本的经济形态，以家庭为生产单位，在这种经济模式下，家庭在满足自给自足之后，自然不会在社会上为非作歹了。所以，历代的封建王朝都以这种经济模式为根本。经济基础决定上层建筑，我国古代形成了反映中国古代伦理思想特色的"五伦"原则，即父子有亲、君臣有义、夫妇有别、长幼有序、朋友有信。为了维护家庭这种小单位结构的稳定，"五伦"中有"三伦"是调节家庭内部成员关系的行为准则。而"三纲"（君为臣纲、父为子纲、夫为妻纲），更是将家庭关系严格地进行了规定。

中华人民共和国成立后，我国伦理学发展有了新的进步，涉及的领域也有了明显的增加。例如，在伦理学原理、应用伦理学等方面有了新的发展，但由于受当时世界局势的影响，我国在许多方面都以苏联为师，伦理学研究也不例外。这就造成了伦理学研究出现了诸如理论与实际联系不强、研究内容不够深入等一系列问题。改革开放以来，中国特色社会主义市场经济迅速发展起来，我国生产力水平获得了巨大的提升。与此同时，劳动问题也越来越多。例如，有的问题以我国目前所具备的劳动伦理水平还无法妥善解决，给社会和谐发展造成了一定的困扰。在这种背景下，我国的伦理学研究应该跟上时代发展的步伐，扎根中国社会的实际，从现实的劳动问题出发，不断丰富和发展自身，以解决目前在劳动领域遇到的伦理问题。

5. 劳动伦理对社会的建设发展具有指导意义

除了作用于个人之外，劳动对整个社会的发展同样也起着积极的指导和推动作用。在劳动过程中，人们形成了各种各样的关系。马克思说过，费尔巴哈把宗教的本质归结于人的本质。但是，人的本质不是单个人所固有的抽象物，在其现实性上，它是一

---

① 马克思恩格斯全集（第5卷）[M].北京：人民出版社，2002：320.
② 同①：269.

切社会关系的总和。[①] 劳动对于整个社会的发展进步具有重要的作用，也正是因为劳动，人才成为社会的人。习近平总书记指出，人民创造历史，劳动开创未来。劳动是推动人类社会进步的根本力量。[②] 从习近平总书记的论述中，我们可以看出人民在社会历史发展中的主人翁地位，是人民创造了历史。人民既是社会劳动实践的主人，又是劳动活动的主体。劳动道德的形成，对于改造整个社会的道德面貌有着重要的影响。

在人类历史发展进程中，经历了多种社会意识形态，不同的社会意识形态往往有着适用于其社会形态的劳动伦理道德思想。一般而言，新的社会形态下的劳动伦理往往比前一个社会形态下的劳动伦理更具进步意义。

以资本主义社会为例，其代替封建社会在人类发展史上是重要进步，对于生产力的解放有着巨大的推动作用。在资本主义社会中，劳动者与资本家之间不再是过去的人身依附关系，劳动者对自己的劳动有一定的支配自由，可以在市场上与资本家进行自由交易，通过自己的劳动来换取生活资料，维持个体生命的再生产。随着时代的发展，资本主义社会也在不断调整着劳资关系，例如，通过增加劳动者的福利待遇、给予劳动者股权、规定劳动时间等方式来缓和劳资关系，从而提高劳动者的生产效率。同时，资本主义社会大工业生产用严明的纪律来要求劳动者，这在客观上促进了劳动者个人品德的进步。经济进步带来思想进步，资本主义社会生产力水平大幅度提高，促进了思想文化的繁荣发展，其中也包括伦理道德的科学发展。资本主义社会的劳动伦理道德科学，对社会主义伦理道德的发展也起到一定的推动作用。除此之外，在现代西方资本主义社会中，许多企业内部都有工会组织，代表广大工人的利益同资本家抗争。马克思劳动伦理思想中的劳动辩证法的精髓，强调要实事求是，用发展的眼光看问题。资本主义国家的工会组织也坚持这样的方法和原则，从广大工人的实际利益出发，坚持同资产阶级政府和资本主义企业家斗争，推动了资产阶级社会内部工人运动的发展。因此，与落后的封建社会相比，在进入资本主义社会后，劳动伦理关系有了较为明显的进步。

从人类社会发展形态的角度来看，社会主义社会与资本主义社会相比，在劳动伦理方面有了更大的进步。

马克思的劳动伦理思想为社会主义建设提供了价值导向。马克思的劳动伦理思想强调，劳动是自由的，是个人生存和发展所必需的，劳动是神圣的。因此，在社会主义社会处理劳动关系时，就要坚持这一核心原则。要建立完善的法制来充分保障劳动者的权益，引导社会形成崇尚劳动、尊重劳动者的良好氛围，让劳动者感受到劳动最光荣。马克思的劳动伦理思想还强调，应该注重弱势劳动群体的利益。以我国社会主义建设为例，中国共产党是中国工人阶级的先锋队，代表中国最广大人民的根本利益，党在执政的过程中就非常注意保护无产阶级劳动者的利益。面对社会资源分布不平衡

---

① 马克思恩格斯选集（第1卷）[M].北京：人民出版社，2002：269.
② 习近平.在同全国劳动模范代表座谈时的讲话[N].人民日报，2013-04-29（2）.

的问题，党和政府会及时调整政策，在再分配领域中更加注重公平，通过累进制的个人所得税等方式来对社会财富进行调节。同时，政府通过转移支付等办法，有针对性地开展扶贫工作，帮助贫困人群改善生活。由此可见，劳动伦理在我国社会主义建设中发挥着中流砥柱的作用。

二、劳动伦理的基本内涵与特点

（一）劳动伦理的基本内涵

劳动伦理是一般伦理规则在劳动领域的应用和阐发。一般伦理规则是在处理人与人、人与社会、人与自然相互关系时应遵循的道理和准则，是一系列指导行为的规范，而劳动伦理就是将这些道德准则运用到劳动领域。

回顾我国历史，在相当长的一段时期内，劳动伦理作为一种道德规范，在实际工作领域中发挥着重要的调节作用。从国内来看，对劳动伦理问题较早进行研究的是陈振鹭，他在1934年所著的《劳动问题大纲》中，以一定篇幅介绍了劳动问题与伦理学的关系。陈振鹭认为，伦理学的发展都是以道德为标准的，然而随着时代的发展，道德的标准也在发生相应的变化。因此，劳动行为在任何时候都要紧跟时代步伐，以时代的道德标准来对劳动领域中的行为进行规范，这样的劳动行为对整个社会的道德发展也是有益处的。[1]1989年，王昕杰、乔法容所著的《劳动伦理学》一书，从改革开放后中国的劳动关系和道德关系出发，对理论进行修补完善，指出"劳动伦理学是以人们劳动活动、劳动过程中的道德问题为其研究对象的一门新的学科"[2]，对劳动伦理学做出了较为规范的定义。1994年，刘进才所著的《劳动伦理学》一书从不同社会形态中劳动伦理的不同要求讲起，对劳动伦理的起源进行探究，并介绍了我国现代劳动伦理学的产生和发展过程。他指出，自从有了社会劳动，就产生了劳动关系，也就有了规范和调节这种劳动关系的道德。劳动伦理是对劳动中道德现象的概括，主要是指在劳动中人与其他诸要素之间应当遵守的劳动道德准则。[3]作者在对劳动伦理的起源进行清晰介绍后，从劳动者个人在劳动中应具备的劳动道德要求和劳动管理者在管理劳动者过程中的道德要求出发，从劳动资料、劳动对象以及劳动产品的道德控制等方面对劳动伦理的发展提出了一些建议。

进入21世纪，随着改革开放进程的不断加快以及社会主义市场经济的蓬勃发展，劳动领域中存在的问题越来越受到人们的关注。问题催生理论，劳动伦理领域的相关研究也以较快的速度发展起来。马唯杰在《劳动伦理研究》中指出，劳动伦理是以人性需要为价值导向，规范、协调和发展"劳动者——生产要素"关系的一系列价值观念和道德准则。[4]作者对当代中国的劳动伦理问题进行了探究，并对劳动伦理概念进行

---

[1] 陈振鹭.劳动问题大纲[M].上海：大学书店，1934：10.
[2] 王昕杰，乔法容.劳动伦理学[M].开封：河南大学出版社：1989：2.
[3] 刘进才.劳动伦理研究[M].上海：华东理工大学出版社，1994：9.
[4] 马唯杰.劳动伦理研究[M].苏州：苏州大学出版社，2017：44.

了辨析，然后从劳动要素伦理、劳动过程伦理和劳动价值伦理三个角度对劳动伦理进行了介绍和分析，最终提出解决劳动伦理问题的方法是建立走向共享发展的体面劳动。

我国有很多学者从马克思劳动伦理思想的角度出发，研究劳动伦理的发展过程。马克思虽没有给劳动伦理一个明确的定义，但在其诸多著作中均对劳动伦理思想进行了论述。从马克思的著作中能够看出，劳动伦理关系其实就是因为劳动而产生的伦理关系。马克思的劳动伦理思想在其整个思想体系中有清晰的发展轨迹，这一思想最初产生于1843—1848年。在这个阶段，马克思从人本主义角度出发，为广大人民的权利进行了辩护。19世纪50年代后，马克思的劳动伦理思想进入了第二个阶段。在这个时期，马克思从所能观察到的经济社会现象的表面渗入其背后所隐藏的各种关系中，开始从生产关系的角度构建他的劳动伦理体系。19世纪60—80年代，是马克思劳动伦理思想的第三个阶段。在这一阶段，马克思通过多本著作对资本主义社会的劳动伦理关系进行分析，并指出未来社会劳动伦理关系的形态。马克思在劳动伦理关系中的突出观点是，因为劳动者的劳动行为产生了劳动伦理关系，而不同的劳动行为会产生不同的劳动伦理关系。这里讲的不同的劳动行为主要是从意识形态领域来划分的。

通过以上的梳理分析能够看出，劳动伦理不但关注解决劳动领域内出现的各种各样的问题，而且更加深入地研究劳动过程中形成的人与人之间的关系。因此，我们可以对劳动伦理进行如下定义：劳动伦理是劳动者在劳动过程中形成的处理人与人、人与自然、人与社会等关系的道德准则。劳动者作为劳动主体，在劳动伦理的形成和发展变化过程中占据重要地位。所以，我们可以思考这样一个问题：为什么劳动者需要劳动伦理的产生？我们也可以从对这个问题的思考入手，探究劳动伦理的内涵。其基本可以从以下四个方面进行定义。

1. 尊严的劳动

尊严从本质上说是人自身产生的一种主观感受，但是这种主观感受同时又来自并体现在现实生活中。从马克思主义的视角来看，人作为实践主体，通过劳动改变客观世界，同时也在不断改造自身的主观世界。因此，劳动不仅是单纯的实践活动，其中还包含着丰富的伦理秩序。

从劳动本身来说，作为人类生存的基本方式，劳动在人类发展过程中占据重要地位。通过劳动，人类创造了自己生存的客观世界，同时在劳动过程中不断追求更高的精神境界。因此，劳动本身就是一种有尊严的活动，继而从事劳动的劳动者也应该是有尊严的。这种尊严感的获得既不取决于劳动者所从事的行业，也不取决于劳动者社会地位的高低，它应该是每一个依靠自身的体力和智力从事劳动的人都应该得到的。

如果劳动者想充分发挥自身的价值，那么让他们在劳动过程中感受到尊严是一个必不可少的条件。当劳动者在劳动过程中感受到尊严的时候，会在心理上形成一种正向激励，从而使他们感受到劳动的美好，以更大的热情投入劳动。在这种状态下劳动，劳动者将不再觉得是为了获取生活资料而机械地重复自身劳动，相反，他们能够感觉到对自身价值的一种追求，在这个过程中也能够创造出更大的社会价值。

2.公平的劳动

劳动者的劳动应该是公平的劳动，可以将其概括为劳动公平原则。人类社会在发展过程中，总是在不断追求公平。中国古代社会就有"不患寡而患不均"的观念，因此，对于劳动者来说，在劳动过程中所要追求的重要原则之一就是公平。从人类社会发展历史来看，在资本主义社会之前的劳动伦理道德中，涉及公平原则的内容很少。从资本主义社会开始，劳动者就在劳动过程中获得了一定的"公平"。

与封建社会相比，在资本主义社会中，劳动者与管理者之间不再是一种人身依附关系。资本通过构建一种自由买卖的体系，让劳动者将自身的劳动力作为一种商品在市场中进行交换，以此换取生活所需的物质资料。这种买卖不像过去那样对劳动者起到终身的约束作用，相反，它只能维持一段时间。这样看来，劳动者在这个过程中获得了自身地位的提升。对于这种现象，马克思评价道，这种市场上的交换"对卖者也绝不是不公平"[1]。可以看出，马克思对资本主义社会劳动力可以在市场上进行自由交换的行为给予了肯定，也认可了其中蕴含的一定的公平性原则。

在资本主义市场上，资本家以工资形式购买劳动者的劳动力，支付给劳动者货币用以维持劳动者的生存及发展所需。从客观上说，这样的过程对劳动者而言是一种进步。因为在封建社会中，劳动者的劳动力价值被以签订契约的形式一次性地出卖了。在资本主义社会，劳动者能根据自身脑力和体力的耗费来换取自身劳动力的价值。除此之外，为了获得更多有价值的回报，广大劳动者也会不断学习，增加自身的技能，从而提高自己的劳动力价值，在劳动力市场上换取更高的工资。资本家招募劳动者从事资本主义生产的过程，在客观上蕴含着一定的公平因素。在这个过程中，资本家获得了劳动者创造的全部价值，劳动者也得到了维持生存所需的工资作为回报。

与资本主义社会相比，社会主义社会在劳动公平方面取得了更大的进步。用马克思的观点来说，"劳动生产了宫殿，但是给工人生产了棚舍""劳动生产了智慧，但是给工人生产了愚钝和痴呆"[2]。这些观点是马克思对资本主义社会中存在的劳动不公平现象的抨击。在马克思设想的生产中，劳动者的劳动应该是让他们能够感受到公平的劳动，这种公平性体现在方方面面。例如，劳动者应该拥有平等的机会去选择工作，同时在工作中所得到的回报也应该是公平的，是根据自己劳动价值而得到的，这种回报的获得不应该是由除了劳动者自身劳动能力之外的其他因素所决定的。

劳动公平原则是劳动者在劳动过程中永恒追求的一个话题，它会随着时代的发展而不断变化，这也是劳动伦理要解决的核心问题。无论在何种社会形态之下，劳动者所追求的劳动公平大致都有同样的要求。例如，在劳动开始之前，劳动者应该有自由选择劳动岗位的权利，用人单位不能因为性别、种族等因素而歧视劳动者，剥夺他们

---

[1] 马克思资本论（第1卷）[M]. 北京：人民出版社，2004：226.
[2] 马克思恩格斯全集（第3卷）[M]. 北京：人民出版社，2002：269-270.

的劳动权利。在劳动过程中，用人单位应该为所有劳动者提供一视同仁的劳动权益保护，比如，对于高危工作岗位上的人群，相应的保护设施、保险等都应配备齐全，不能因为某些因素而降低一些劳动者的防护标准。在劳动结束后，对劳动成果的分配是贯彻劳动公平原则最为明显的一个环节。劳动者理应得到与个人劳动力价值相匹配的劳动报酬，管理者不能以不正当理由克扣劳动者的合理报酬，要让公平的原则在分配领域得到贯彻执行。

3.自由的劳动

劳动伦理思想中的另一个重要原则是劳动自由原则。所谓劳动自由原则，是指劳动者无论是在劳动前还是在劳动过程中，都应当受自己的主观意识所支配。也就是说，在自由的劳动状态下，人们并不是因为外在的因素而不得不劳动，相反，每个人都是出于自身内在的需要而选择去劳动的。这种自由的原则是人作为劳动主体逐渐探寻自己类本质的过程，因此也是一个漫长的过程。从社会历史发展的角度来看，在漫长的人类历史发展过程中，劳动者在劳动过程中不断进步，并向着这种自由的劳动状态前进。在原始社会，原始人在共同劳动的过程中已经形成一些勇敢、团结、互助等习惯，通过这些习惯来调节当时简单的劳动关系。在这一时期，劳动者的劳动是有一定自由的，因为他们的劳动是为了满足自身的生存所需，不存在来自他人的强迫，此时的劳动情景有着一种淳朴的气息，同时也具有一定的自由。在随后的奴隶社会和封建社会，劳动者在劳动过程中所追求的自由原则在很大程度上就丧失了。由于私有制的出现，奴隶主和封建主将劳动者当作自己的私有财产，强迫劳动者进行劳动，对于劳动成果的分配也是完全利己的，所以在这两种社会形态中，劳动者失去了在劳动过程中的自由。

进入资本主义社会后，劳动者在劳动过程中不自由的状况有了较为明显的改善。首先，劳动者从过去对封建主的人身依附关系中挣脱了出来，对自己的身体和劳动力有了自主的支配权。劳动者能够将自己的劳动力置于资本市场进行自由的交换，并在资本市场上有一定的选择自由。所以说，资本主义社会中体现出了一定的劳动自由原则。其次，随着资本主义生产方式的确立，资本在其逐利性的影响下在各个行业中流动。随着资本的流动，广大劳动者也相应地受供求关系的影响在各个行业中流动。除了在行业间流动，在同一行业的不同部门之间，劳动者也有较为频繁的流动，劳动者具备一定的选择自己工作的自由。最后，从历史发展的长河中看，资本主义生产制度大大推动了生产力的发展。正如马克思和恩格斯在《共产党宣言》中所说，资产阶级在它的不到一百年的阶级统治中所创造的生产力，比过去一切世代创造的全部生产力还要多，还要大。[1]在生产力大幅度发展的情况下，科技在生产中所占的比重越来越大，这在一定程度上解放了劳动者，让他们有更多的时间来发展自身，因此，也可以说劳

---

[1] 马克思恩格斯文集（第2卷）[M].北京：人民出版社，2009：36.

动者拥有了更多发展自身的机会和自由。

4.幸福的劳动

劳动伦理思想中有一个不可忽视的原则就是劳动者应该在劳动中感受到幸福。这里所说的劳动幸福，是指劳动者在劳动过程中，能够不断体现自己作为人的类本质，从而使自身产生一种愉快的感受。这种幸福劳动的感觉可以从多个方面来获得，且直接体现在劳动过程中。在这个过程中，因为劳动环境、劳动制度、劳动回报等因素，劳动者感觉到自己的劳动是幸福的，这种外在的劳动幸福是比较容易得到和被观察到的。但除此之外，还存在着更深层次的劳动幸福，那就是劳动者在劳动过程中不断发挥自己的类本质，创造出自己的价值，从内心深处确认了自己存在的意义，这对于劳动者而言更是一种在劳动中获得的幸福感。

劳动者的劳动应该是幸福的劳动。正如习近平总书记在2018年春节团拜会上的讲话中所指出的：新时代是奋斗者的时代；只有奋斗的人生才称得上幸福的人生。[①] 习近平总书记在讲话中重申了奋斗这一时代主题，激励着那些以不懈奋斗投身伟大事业、以无私奉献照亮伟大征程的人。劳动本身就是一种奋斗，劳动者在这个过程中，既会因实现自身的价值而感到满足，也会为给社会创造了更大的价值而感到自豪。

（二）劳动伦理的特点

1.阶级性

劳动伦理思想具有阶级性，不同的阶级代表着不同的利益。某一阶级所形成的劳动伦理思想往往是为该阶级的利益而服务的。任何一种理论的提出和发展都是从现实的需要中产生的，因此，在不同的社会实际状况下，劳动伦理的内涵也会有所不同。劳动伦理属于道德范畴，而道德作为上层建筑是由经济基础决定的，所以，劳动伦理天然带有深刻的阶级性特点。关于劳动伦理的特点，可以从其在资本主义社会与社会主义社会的不同形态对比中进行探究。

一方面，在对资本主义社会的劳动伦理思想进行探究后可以发现，在资本主义社会中，劳动伦理关系的发展是曲折的。在资本主义社会基本经济制度下，资本似乎有一种魔力，仿佛通过资本的运作就可以创造出更多的财富。这就促使资本主义社会的资本家都在追求拥有更多的资本，资本家在完成资本积累的过程中，也在不断扩大自己的生产规模，而资本主义社会的劳动伦理关系也随着资本生产规模的扩大而不断变化。在资本主义扩大再生产的过程中，它不仅是物质资料的再生产，同时也是生产关系的再生产。资本家在劳动生产过程中希望劳动者能够保证劳动生产率，而劳动生产率的高低又受劳动伦理道德的影响，于是，资本家和劳动者之间的劳动伦理规范就处于不断调整状态，并且随着生产力的提高以及生产规模的扩大，调整范围也相应扩大了。伴随资本主义的发展，越来越多的劳动者进入了这个调整范围。这种资本主义劳

---

① 中共中央 国务院举行春节团拜会 习近平发表重要讲话[EB/OL].（2018-02-14）[2024-05-01].https://www.gov.cn/xinwen/2018-02/14/content_5266870.htm.

动伦理关系建立在劳动者人身自由的前提下，劳动者追求工资，资本家追求劳动者创造的剩余价值。资本主义的劳动伦理关系是从资产阶级角度出发而不断进行调整的，其阶级性体现得非常明显。

另一方面，在对社会主义社会的劳动伦理思想进行探究后可以发现，马克思的劳动伦理思想是站在无产阶级的利益上提出的，饱含着对广大无产阶级劳动者的关怀。马克思指出，"异化劳动"从人那里夺取了他的生产对象，也就从人那里夺走了他的类生活，即他的现实的类对象性，把人对动物所具有的优点变成缺点，因为人的无机的身体即自然界被夺走了。[1]从这段描述可以看出，马克思认为，在正常的劳动伦理关系中，工人生产出来的产品应该是属于工人的，但是最后却被资本家占有了，这是对资产阶级劳动伦理关系的批判，也是对广大无产阶级劳动者的关怀。从这一意义上说，马克思劳动伦理思想的阶级性与马克思的人民性是相一致的。

因此，我们可以得出这样的结论：劳动伦理作为人类的伦理道德原则在劳动领域的体现，具有一定的阶级性，在不同的社会形态中代表着不同阶级的利益。

2.历史性

劳动伦理除了具备阶级性外，还具有历史性。这种历史性主要体现在不同时代的劳动伦理有着不同的内涵。虽然过去的一些思想在当今看来已经不适用了，但是在其所处的历史背景下，却具备一定的积极意义。例如，在资本主义社会刚刚代替封建社会、资本主义生产关系初步形成的时期，资本家雇佣劳动者从事资本主义生产活动，这种基于劳动者人身自由的雇佣劳动是非常明显的进步，它帮助广大劳动者通过自己的劳动换取一定的物质生活资料来维持自己的生活。同时，劳动者也能不断地学习，提高自身的技能，从而在劳动力市场上换取更高的价值。在那个时期形成的劳动伦理规范很好地保障了劳动者的权益，对于他们适应资本主义生产方式、推动资本主义社会生产力的发展起到了积极的作用。

到了19世纪，资本主义社会的劳动领域出现了很多问题，劳动者和资本家之间的关系比较紧张。正是在这个背景下，一种具备人道主义思想价值的劳动伦理规范出现了，这就是马克思的劳动伦理思想。在马克思的观点中，独立劳动被称为自主活动，这种体现独立自由的劳动伦理规范，体现了马克思对人的类本质划分的定义。在这种情况下，人是劳动的主人，在劳动中也不会感受到压迫。

从劳动伦理的这种发展变化中我们可以发现，随着社会实际状况的不断变化，具有进步意义的劳动伦理也会随之出现。在这种情况下，旧的劳动伦理体系就会遭到挑战，最后被新的劳动伦理体系所替代。由此可见，劳动伦理是具有历史性的，并且一直处于向前发展的状态。

---

[1] 马克思.1884年经济学哲学手稿[M].北京：人民出版社，2000：29.

3.实践性

劳动伦理的实践性主要体现在其既产生于实践，同时又应用于实践，也就是我们通常所说的，理论源于实践且又指导着实践的发展。劳动伦理作为人类伦理规范在劳动领域的体现，是作为一种理论登场的，这种理论源于人与人之间的关系实践，同时当它形成之后，又反过来影响人们之间的关系。

无论在何种社会形态之中，劳动伦理关系都是从社会劳动领域所面临的问题中产生的。因为人既是劳动的主体，同时又是道德的主体，所以在劳动过程中一定会涉及人与人之间的各种道德关系。劳动者和管理者均有自己的道德意识和道德水平，且这些水平并不相同，因此，劳动者和管理者之间可能会出现各种各样的矛盾。只有解决或者缓和这些矛盾，才能确保劳动生产活动的正常进行，这时就需要劳动伦理关系发挥作用了。劳动伦理的内容主要来源于长期劳动实践过程中形成的道德规范，并用这些道德规范来调节劳动者和管理者之间的关系。所以，劳动伦理关系是从劳动者的劳动实践中产生的，具备深刻的实践性。

与此同时，这种劳动伦理关系在形成之后也在不断地改变着实践，推动着实践向前发展。马克思说："哲学家们只是用不同的方式解释世界，问题在于改变世界。"[①]实践才是最终的目的。马克思从当时社会的实际情况出发，通过自己的调查实践，提出了劳动伦理思想。这一思想形成后，对旧的劳动伦理观念产生了巨大的冲击，推动实践不断做出改变。例如，很多企业家开始对劳动者的合法权益给予更多的重视，通过改革生产、管理等制度，让劳动者在劳动过程中拥有更多的话语权和更好的物质生活条件。所以，劳动伦理的调整对实践的反作用是不可忽视的，劳动伦理具有很强的实践性。

三、劳动伦理的现实表现及未来发展

随着时代的发展，劳动伦理在当今社会有了新的发展。具体表现为国际社会、国家、政府和企业对劳动伦理要求的变化，也反映了劳动者个体的伦理道德状况、劳动关系伦理现状及其中存在的问题。未来，劳动伦理同样会面临很多挑战，尤其是当人工智能作为劳动主体时，将会给人类带来一定的伦理风险，对此我们要有科学的认识和分析能力。

（一）劳动伦理的现实表现

1.劳动领域的新变化

随着科学技术的发展和广泛应用，现代生产方式也在不断变革，与过去相比，劳动领域发生了许多变化。现代科技的进步大大解放了人类的劳动，机械化程度的不断提高使许多劳动者从单调机械的工作状态中解脱出来。与此同时，整个社会的劳动生

---

① 马克思恩格斯文集（第1卷）[M]. 北京：人民出版社，2009：506.

产力也大大提高，创造了巨大的物质财富。人类整体的生活水平正朝着更高质量的方向发展。但是，在看到劳动领域的这些进步的同时，我们也应当看到，社会发展也给这个领域带来了许多新的问题，而如何解决这些问题就是劳动伦理在当今时代需要面对的新的课题。

（1）劳动领域中的契约精神匮乏

"契约"一词源于拉丁文，原意为交易，其本质是一种契约自由的理念。契约精神是指商品经济社会衍生的契约关系及其内在原则，是一种自由、平等、守信的精神。在劳动领域，这种契约精神是双向约定的，企业家和劳动者都应该具备。企业家的契约精神主要体现在以下两个方面。

一方面，在招聘市场上，企业家要坚持平等的原则，不能因为性别、年龄等因素歧视劳动者，对劳动者工作能力的要求应在招聘启事中清晰说明；按照招聘启事的要求招聘合格的劳动者，如果在招聘过程中存在隐性歧视，那么企业家的契约精神就会受损。在经营过程中，企业家的契约精神体现在按照合同组织生产、严格遵循生产标准、不偷工减料等。

另一方面，劳动者同样也应该具有契约精神。在进入劳动领域时，劳动者与用人单位通过合同确立双方的权利和义务，劳动者应该按照合同的原则从事工作。

但是，目前劳动领域出现了一些企业家和劳动者不遵守契约精神的现象。科技的发展大大拓宽了人们获取信息的渠道，很多劳动者拥有了更多选择工作的机会。这虽给劳动者带来了选择的自由，但也使部分劳动者丧失了契约精神。例如，一些劳动者与用人单位签订劳动合同后，工作没几天就不想干了，直接从单位离职，然后杳无音信地去寻找新的工作，原劳动单位的工作人员无法与其取得联系。这种行为会给劳动单位造成一定的损失。同时，在今天这种大工业生产时代，劳动者个人的缺席很可能会影响整个生产线的正常运转。同样，企业家也有不遵守契约精神的行为。例如，以各种理由克扣劳动者的工资，不按规定为劳动者提供相关的劳动保护，等等。所以，目前的劳动领域仍然存在一些不遵守契约的行为，需要形成新的劳动伦理规范来解决。

（2）劳动关系不和谐

劳动的主体是人，在劳动过程中，人与人之间一定会结成各种各样的关系。这些劳动关系是否和谐，会直接影响劳动者的劳动状况，进而影响劳动生产率的高低，还会影响整个社会的和谐状况。因此，应当用劳动伦理来调节人与人之间的劳动关系，以期达到一种和谐的状态。

和谐劳动关系可以从狭义和广义两个层面来理解。狭义的和谐劳动关系是指劳动者和管理者之间的一种和谐的关系。在这种状态下，劳动者和用人单位可以就劳动进行的过程、劳动成果的分配等达成一致，推动劳动关系的健康发展。广义的和谐劳动关系主要包括四个方面的内容，即人与自然的和谐、人与自身劳动过程的和谐、人与自己劳动产品的和谐、人与人关系的和谐。从人与自然的和谐角度来看，劳动者在从事劳动生产的过程中，需要通过自身劳动将生产资料转化为劳动产品，而这些生产资料又是来自自然的，所以人与自然应该就物质的交换达到一种和谐的状态。从人与自身劳动过程的和谐角度来看，这一点主要是从人的本质来谈的。《共产党宣言》中提到，"每个人的自由发展是一切人的自由发展的条件"[1]。每个人在自己的生命中都在不断追求着自由发展，这一点同样也会体现到劳动领域。在劳动过程中，劳动者希望自己的劳动是自由的，每个人都是自愿参加劳动的，而不是被其他外在因素所强迫的，这就是劳动领域中应该追求的人与自身劳动过程的和谐。人与自己劳动产品的和谐，主要是从劳动产品分配的角度来说的。劳动者在劳动过程中通过自己的劳动创造出巨大的物质财富，那么劳动者就应该拥有对这些财富的支配权。他们创造的劳动产品越多，所得到的物质生活条件也应该越好。从人与人关系的和谐角度来看，要求每个劳动者都是平等的，不会因为工作岗位的不同而受到任何歧视。同时，劳动者和管理者之间也是一种平等关系。每个人的人格都是独立的，不受他人支配。当劳动领域中的每一个人都以平等的关系进行互动沟通时，整个劳动领域的和谐劳动关系才能形成。

但是，从目前我国劳动领域的实际情况来看，还存在许多劳动关系不和谐的现象。例如，一些企业为了追求经济利益，过度向自然索取，导致生态环境遭到破坏；一些企业形成了"加班文化"，通过各种各样的方式减少劳动者的休息时间，使劳动者在劳动过程中渐渐失去了作为劳动主体的能动性和创造性；一些企业无故拖欠甚至克扣劳动者薪资，致使劳动者和用人单位之间的劳动关系恶化；等等。诸如此类的问题，都需要我们结合新时代发展的背景，运用新的劳动伦理来予以解决。

2. 劳动伦理在应对新问题时的新应用

社会实践的发展往往会产生新问题，面对这些新问题和新变化，理论内容也应该不断更新，以便能够继续指导社会实践的发展。劳动伦理的发展同样如此。当面对劳动领域出现的新问题时，劳动伦理体系可以从以下方面对劳动领域中的种种行为加以规范。

（1）鼓励诚实劳动

"人民创造历史，劳动开创未来。劳动是推动人类社会进步的根本力量。""劳动是财富的源泉，也是幸福的源泉。人世间的美好梦想，只有通过诚实劳动才能实现；发展中的各种难题，只有通过诚实劳动才能破解；生命里的一切辉煌，只有通过诚实劳动才能铸就。"[2]习近平总书记在同全国劳动模范代表座谈时的讲话，指出了诚实劳动在当今社会的重要作用。目前，劳动领域存在的契约精神缺乏等问题，可以通过鼓励诚实劳动的方式来解决。在习近平新时代中国特色社会主义思想中，诚实劳动是一个重要的概念。践行诚实劳动的理念，要求劳动者在劳动过程中以踏实、认真的态度对待工作。目前，一些劳动者对待工作敷衍了事，在工作中只为追求工作量，却忽视了工作质量。

---

[1] 马克思恩格斯选集（第1卷）[M]. 北京：人民出版社，2012：422.
[2] 习近平. 在同全国劳动模范代表座谈时的讲话[N]. 人民日报，2013-04-29（2）.

劳动者在劳动过程中应该遵循诚实劳动的原则，热爱劳动，遇到困难要敢于面对，积极寻找解决办法，对待工作要一丝不苟，不能得过且过，要以认真负责的态度完成自己的工作。诚实劳动还要求劳动者在劳动过程中充分发挥自己的体力和智力，运用自己的创造力为工作做出贡献。要锐意进取，积极分析当下的形势变化，紧跟时代发展要求，不断提高自身的工作技能。

从企业的角度而言，要将诚实劳动的原则贯彻落实到日常的劳动过程和管理过程。企业应严格按照国家相关法律法规的要求，自觉维护劳动者的合法权益，对待劳动者一视同仁，给予其应得且合理的报酬。

（2）多方合作丰富劳动伦理的内容

首先，从企业自身角度来看，各家企业要树立问题意识，找到企业生产经营过程中影响劳动关系的问题，然后有针对性地做出改变。对企业劳动关系进行研究后可以发现，目前对劳动关系影响最大的因素主要集中在分配环节。劳动者从事劳动后，对于劳动产品的分配是很关注的。企业应严格遵守国家的法律法规，根据劳动者付出的劳动给予合理报酬，努力推动分配的公平。这种公平不能仅靠企业自身的道德责任感来实现，还需要完善的法律体系的支撑。

其次，从政府角度来看，政府应从实际出发，深入劳动领域考察影响劳动关系的因素。在制定相关劳动法律或者劳动政策时，要将这些因素充分考虑进去，并提出有针对性的对策。实现劳动领域的公平和实现社会的公平是同样的道理，要想实现这种公平，应以保护弱势群体利益为目标。政府应充分考虑他们的诉求，从道德的高度出发，从法律的层面予以确定。除此之外，政府还应加强劳动教育，通过劳动教育让全社会形成对劳动价值的正确认识，使劳动作为关键要素在分配体系中得到合理的价值认同。

最后，从工会角度来看，工会始终代表广大劳动者的利益，反映了广大劳动者的诉求，因此，工会在劳动领域的作用是不可忽视的。面对新形势新变化，工会应该对自己的工作进行创新，例如，在用法律武器维护劳动者合法权益的同时还应注重从思想上加强对劳动者的关怀。这种伦理道德上的关怀能让劳动者更好地解决工作中遇到的问题，推动劳动关系的和谐发展。

（二）劳动伦理的未来发展

现代社会，生产力不断发展，科技在创造物质财富的过程中所发挥的作用越来越大。越来越多的科技成果被应用到物质财富的生产领域，这一方面大大提高了人类的工作效率和生产力；另一方面也给人类未来发展带来了一定的挑战。尤其是人工智能技术的广泛应用，引起了许多人对社会伦理道德的担忧。智能机器人是否会成为劳动伦理的主体？这会给人类社会的伦理道德带来哪些风险和挑战呢？诸如此类的问题在社会上不绝于耳。

一些观点认为，当机器人的功能越发完善时，可能会取代人类的劳动主体地位，那么到那时劳动伦理规范又该如何适用于劳动生产领域呢？围绕这个问题的争论，随着人工智能技术的不断成熟而越发激烈。一部分学者认为，机器人不论功能多么完善，始终都在人的操控之下，因此也不用担心其发展会冲击人类的劳动伦理。但是，另一部分学者则持不同的意见，他们指出，随着越来越多的工作岗位被机器人所替代，就会有更多的人丢掉工作，而且即使是留在工作岗位上的人也不过是重复毫无价值的劳动内容。劳动者自身的创造性和主动性会被机器压制，科技发展会对人类的劳动伦理产生严重影响。

我们应该认识到，科技的发展是不可逆转的潮流。人类在不断追求更高质量生活的过程中，对科学技术水平也会提出越来越高的要求。我们不能因为科技可能给人类社会带来一定的伦理风险就将科技发展束之高阁。我们可以在大力发展科学技术的同时，注重在道德层面加强对科技的控制。无论是技术还是机器，其本身并无对错之分，对与错的评价完全取决于人们对它的认识以及采取何种方式去利用它。面对未来科技的发展，我们应谨慎对待，注意分辨和消解科技进步给人类主体性带来的消极影响，将关注点放在人自身的解放和全面发展上，在合理的劳动伦理道德规范下，让科学技术造福全人类。

▶ 劳动伦理教育

【思考题】

1. 劳动伦理的基本内涵和特点是什么？
2. 劳动伦理对构建和谐社会的意义是什么？

Chapter 5

第五章

技术赋能劳动与创新创业

大学生劳动教育

随着科学技术的不断发展，劳动的形态与内涵也受到了一定的影响。一方面，技术的发展促进了劳动力的解放，为人的自由全面发展奠定了基础。另一方面，技术的日新月异也产生了结构性就业困难，部分员工因其知识结构无法满足岗位转型升级发展需要，从而面临下岗的境地。

在人工智能时代，部分岗位出现了机器取代人的现象，这使得人们对未来发展产生了恐慌与担忧。在技术赋能下的劳动力市场中，我们该何去何从？我们会被机器人取代吗？大部分人会被卷入失业大潮吗？

在人类技术进步历程进入第四次工业革命之际，把握人工智能时代背景下劳动形态的变化与本质特征，明确自身定位，瞄准努力方向，为赢在未来做好准备，这是青年学生应有的态度。

第一节　认识技术赋能下的劳动

人类历史经历了八次技术进步，分别是火的发现与应用、语言的发明、文字的发明、各种工具的发明、蒸汽机的发明、电的发现和运用、互联网的发明与进步、人工智能的发明和应用；四次工业革命，分别是18世纪30年代至18世纪末的机械化、19世纪末至20世纪初的电气化、20世纪中期开始的自动化、当前的智能化。[1]每一次的技术进步和工业革命，均对人类的劳动形态及其结构产生了重要影响。无论是机械化、自动化，还是信息化、智能化，都指向要代替人工劳动，进而提高劳动效率。然而，对于每个时代的劳动者而言，只有学会掌握前沿技术，并将之应用于劳动生产，同时提高自身素养，才能在时代变迁中立于不败之地。

一、技术赋能劳动的意义

技术赋能劳动，可以提高劳动效率，从而提高人类生活质量。从长期来看，其可为人类经济和社会发展提供有力支持。一方面，技术赋能劳动，能使人从重复、烦琐的劳动中解放出来，为实现人的自由全面发展奠定基础。另一方面，在通过技术创新劳动来满足人类美好生活需求的驱动下，也促使技术创新者或发明人不断勇攀高峰，实现自我人生价值。

（一）提高劳动效率，促进社会进步

在《现代汉语词典》（第7版）中，"技术"一词有两个义项：①人类在认识自然和利用自然的过程中积累起来并在生产劳动中体现出来的经验和知识，也泛指其他操作

---

[1] 沈红兵.人工智能技术进步对劳动就业的影响研究[M].成都：西南科技大学出版社，2019：14-21.

方面的技巧。②指技术装备。前项指的是生产劳动方面的经验、知识、技巧，属于理论知识层面，后项指的是技术装备，属于手段工具层面。无论是从理论知识层面而言，还是从手段工具层面而言，世界技术发展都是在劳动过程中产生，并应用于生产劳动的，最终推动社会进步。

尤其是从18世纪初开始至今，已经历的四次工业革命，分别将人类社会带入了机械化、电气化、自动化、智能化时代。随着生产技术的进步与革新，全球创造的生产力大大超过了历史上创造的全部生产力之和。马克思和恩格斯也深刻认识到科学技术在提高劳动生产率方面所产生的巨大作用，提出了"科学技术是生产力"的基本原理。马克思指出："生产力中也包括科学。"并且说，"固定资本的发展表明，一般社会知识，已经在多么大的程度上变成了直接的生产力"，"社会劳动生产力，首先是科学的力量"，"大工业把巨大的自然力和自然科学并入生产过程，必然大大提高劳动生产率"。1848年，马克思和恩格斯在《共产党宣言》中明确指出："资产阶级在它的不到一百年的阶级统治中所创造的生产力，比过去一切世代创造的全部生产力还要多，还要大。"这虽不排除社会制度革新所产生的创造力大爆发，但也说明了一个事实，即在科学技术加持下的社会生产力迅速提高，给人类带来了巨大的社会财富。

在科技赋能下，劳动生产率大大高于手工劳动。自20世纪90年代以来，电子计算机在生产领域得到广泛应用，更是促进了生产力的高速发展。据美国科学院的典型调查，计算机集成制造系统（computer integrated manufacturing systems，CIMS）在企业中的应用，可使工程设计费用减少15%~30%，人工费用减少5%~20%，生产率提高40%~70%，设备利用率提高200%~500%，生产周期缩短30%~60%，产品质量提高200%~500%。①在日本一家采用柔性制造系统（flexible manufacturing systems，FMS）的工厂中，白天只有12名工人值班，夜间仅有1名工人值班，而在同样产量的传统工厂则需要215名工人。②

1986年3月，一份题为《关于跟踪研究外国战略性高技术发展的建议》的报告上报到了中共中央，后来根据这个报告而形成的《关于高新技术研究发展计划的报告》被称为"863计划"。该报告针对世界高科技迅速发展的紧迫形势，向中共中央建议，面对世界新技术革命的挑战，中国应该不甘落后，要从现在抓起，用力所能及的资金和人力跟踪新技术的发展进程，而不能等到十年、十五年后经济实力相当好时再说，否则就会贻误时机，以后永远翻不了身。同年11月，中共中央、国务院正式批转了《高技术研究发展计划纲要》。这个计划纲要选择了对中国未来经济和社会发展有重大影响的生物技术、航天技术、信息技术、先进防御技术、自动化技术、能源技术和新材料7个领域（1996年增加了海洋技术领域）作为我国高技术研究发展的重点。"863计划"的实施，为中国在世界高科技领域占有一席之地奠定了坚实的基础。

---

① 陈征.论现代科学劳动[M].苏州：福建人民出版社，2017：71.
② 韩民青.科学发展·经济建设论[M].济南：山东人民出版社，2008：177.

1988年9月，邓小平同志根据当代科学技术发展的趋势和现状，在全国科学大会上提出了"科学技术是第一生产力"的论断。[①]这一论断充分体现了马克思主义的生产力理论和科学观。在此思想理念的指导下，改革开放四十多年来，中国取得了举世瞩目的成就：国内生产总值年均增长约9.5%；当代中国已经成为世界第二大经济体、第一大工业国、第一大货物贸易国、第一大外汇储备国，连续多年对世界经济增长贡献率超过30%，成为世界经济增长的主要稳定器和动力源。[②]

人们愈来愈认识到科技是促进社会进步与发展的重要驱动力，是衡量一个国家综合实力的核心要素。因此，各国在推进科技创新发展战略上不遗余力。近年来，随着新一轮科技革命的不断推进，以美国、英国、日本、德国为代表的发达国家分别实行了"先进制造业国家战略计划""工业2050战略""科技工业联盟""2020高技术战略"等发展规划，纷纷试图在新一轮战略性创新资源的争夺中独占鳌头。2016年，中共中央、国务院印发了《国家创新驱动发展战略纲要》，强调科技创新是提高社会生产力和综合国力的战略支撑，必须摆在国家发展全局的核心位置。这是中央在新的发展阶段确立的立足全局、面向全球、聚焦关键、带动整体的国家重大发展战略。

同时，我国在人工智能发展上不断寻求突破，自觉迎接智能时代的到来。2017年，国务院印发的《新一代人工智能发展规划》指出："新一代人工智能相关学科发展、理论建模、技术创新、软硬件升级等整体推进，正在引发链式突破，推动经济社会各领域从数字化、网络化向智能化加速跃升。""推动人工智能与各行业融合创新，在制造、农业、物流、金融、商务、家居等重点行业和领域开展人工智能应用试点示范，推动人工智能规模化应用，全面提升产业发展智能化水平。"

（二）解放人力劳动，实现人的自由

技术创新劳动，不仅能提高劳动效率，还能使人的劳动变得轻松，甚至替代人的部分劳动，让人们从自然力的盲目控制中获得解放，从而拥有更多闲暇时间，为人的自由全面发展奠定了基础。

马克思认为，物质生产作为人类维持生存所必需的活动，是人类历史的基础，"人的解放的动力存在于物质生产中"。任何形式的"解放"都需要一定的物质条件，人们所达到的生产力总和规定和制约着人自身的发展水平。如果生产力不够发达，人类解放就只能停留在空想阶段。无论是消灭旧式分工和异化劳动，还是消灭阶级和所有制，都有赖于生产力的高度发展。只有在生产力高度发达的基础上，人的解放才可能真正实现。[③]

通过技术革新，创造新的劳动工具，不仅提高了人类劳动效率，而且促进了人力的解放。如春秋战国时期，铁犁牛耕的出现，牛代替了人力，人们得以大面积开垦荒

---

① 李建军，廖检文.金融科技理论与实践[M].北京：中国财政经济出版社，2021：5.
② 改革开放40年，成就举世瞩目，[EB/OL]．（2018-09-25）[2024-05-01]．https://news.sina.com.cn/o/2018-09-25/doc-ifxeuwwr8003789.shtml.
③ 邱苗.浅析"人的解放"[J].商品与质量，2012（S7）：230.

地，极大地推动了小农经济和社会的发展；18世纪60年代，英国织布工哈格里夫斯发明了"珍妮纺纱机"，一次可以纺出许多根棉线，极大地提高了生产率；1765年，英国发明家瓦特发明了冷凝器与汽缸分离的蒸汽机，给人类带来了强大的动力，各种由动力驱动的产业机械——纺织机、机床，如雨后春笋般大量涌现，揭开了第一次工业革命的序幕。电气发明应用于技术革新的例子还有很多，这些都极大地解放了人力劳动。

20世纪中期以来，随着计算机软硬件的不断发展，计算机运算能力大幅度提升，加之大数据、深度学习等技术的出现，智能交通系统成为新的发展方向。为了更好地管理机动车、保证交通安全，人们开始考虑通过识别机动车唯一的"身份证"——车牌来实现对机动车的管控。同时，为了解放人力、提高识别精度，诞生了车牌识别系统。车牌识别系统能够自动登记车牌号并验证车辆身份，是现代智能交通系统的重要组成部分。该系统不仅有助于道路交通管理，比如抓拍闯红灯、超速或违规驾驶等，还能在治安方面发挥很好的作用。

第四次工业革命正在进行，即智能化时代已经到来。随着人工智能的飞速发展，一些机器发明应运而生，很多工作逐渐被机器所取代，把人从简单的劳动中解放出来，可节约大量的时间和精力，大幅度降低企业用工成本。以机器人流程自动化（robotic process automation，RPA）为代表的智能自动化技术是第四次工业革命的重要产物。随着数据科学的不断发展，机器人流程自动化、认知科学等数字化技术正在不断地融入工作中。全球著名的信息技术分析机构Gartner在2019年上半年发布的关于RPA市场调查的数据显示，机器人流程自动化软件在2018年增长了63.1%，市场规模达到8.46亿美元，是全球增长最快的人工智能软件。[①] RPA机器人可以优化业务人员的工作流程，使业务人员从简单、重复、单调的工作中解脱出来，将时间和精力投入到自身价值的提升中。

芯片布线（route）是传统（自动布局布线）流程中的关键步骤。在这一步骤中，设计者通过控制布线器的各种属性约束对整个芯片进行布线。在没有布线器的时候，这一流程通常由人工完成，而布线器的出现极大地解放了人力，使得芯片设计者可以将精力花在更有创造性的领域，以实现更有挑战性的设计。

总体而言，在智能化时代，机器的充分发展和运用提高了劳动效率，拓展了人类的劳动领域，为人类提供了更多的闲暇时间，使得人类逐步摆脱对物和人的依赖关系，从而为人类提升精神世界、追求更多人生价值提供了更多可能性与时间保障，促进人类能力的全面提升，推动人的本性回归到理想状态。

二、人工智能时代劳动方式的变化

在技术日新月异发展的推动下，人类社会劳动的结构、形态、就业形势均受到了

[①] Gartner最新数据显示：RPA——广袤天地，大有可为[EB/OL].（2019-07-04）[2024-05-01].https://www.163.com/dy/article/EJ90ME4C0511S3EE.html.

影响，并发生了相应的变化。劳动形态推陈出新，有些职业会消失，新的职业会诞生；劳动结构发生变化，体力劳动者日益减少、脑力劳动者日趋增加；在男女比例结构上，也会发生相应的变化；而随着非标准化工作的流行，多种类型的就业形势也随之产生。

（一）劳动形态的变化

劳动形态是指人类劳动的表现形式。由于技术的发展变化，给劳动形态带来的变化主要有以下几种情况。

1.产生新的劳动形态

新发明的机器代替人工劳动，然而需要有人学会使用操作，进而又产生新的劳动形态。人工智能能够从大量数据中发现规律，帮助人类完成一些重复性、标准化的工作。而人类具有思考、创造、沟通、情感、协作等能力，更擅长创造性较高的非标准性工作。未来人类将更多地从事"以人为本"的工作，如对老年人、体弱者和精神病患者的护理类工作；基础教育和特殊教育类工作；服务于个性化需求的体验经济类工作；满足年轻人创意需要的手工艺、VR/MR 游戏体验的创意经济类工作等。除此之外，还出现了一些新的职业，如数据标注师、智能制造工程技术人员、虚拟现实工程技术人员、人工智能训练师、人工智能培训师、无人机装调工等。

2.产生"半人马"工作模式

在技术的加持下，原有的劳动种类会变得更加轻松与高效，即利用人类与人工智能在各自层面的优势，形成相互结合的劳动形态。在一些专业性服务领域，利用人工智能的优势，已经形成了"半人马"工作模式。例如，在评估一些关键的医疗测试结果（如读取心电图）时，人工智能已经被证明比人工读取更准确。IBM 公司的沃森系统，是商用人工智能技术在医疗领域应用的又一案例。然而，患者对沃森系统的反应并不热情，因为以人为本的情感技术显然不是人工智能的强项。拥有更强情感技术的人类医生，尽管准确性不一定比得上人工智能，但更受病患信赖，这也为专业性服务的未来走向提供了启示。人类服务的提供者（医生）需要更有效地与人工智能合作。在这种情况下，工作升级意味着医生必须专注于患者的情感感受，这有助于医生与患者进行良好的互动。一名拥有出色共情能力的医生，可能会让患者在使用人工智能进行治疗时感到更舒适。出色的共情能力，或许也能够帮助医生从被人工智能接手部分思考任务的打击中恢复过来。[①]

3.产生结构性失业

人工智能产业化推进将使就业岗位减少甚至消失，进而导致结构性失业。智能的算法、机器对传统人工的替代在解放劳动者人力的同时，也直接冲击了就业。麦肯锡报告推测，到 2030 年机器人将取代 8 亿人的工作，如无人驾驶、排雷机器人、餐厅点

---

① 拉斯特，黄明蕙.情感经济：人工智能、颠覆性变革与人类未来[M].彭相珍，译.北京：中国对外翻译出版公司，2022：119.

餐送餐机器人、医疗机器人、虚拟主播、智能管家、乒乓球陪练和工业机器人等。从事重复性、机械性工作的劳动者更容易被机器人替代，从而产生严重的社会问题。[①]

（二）劳动内容的变化

人工智能的发展与推进，改变了人类的工作内容，即工种尚未改变，但是工作内容发生了变化。以出租车司机的工作为例，出租车司机属于蓝领工作，所需的技能水平不高，似乎可归入体力劳动范畴，但这份工作也需要智商（如寻找最佳路线、对实时路况做出反应）和情商（如与乘客交流）。目前，智能导航系统已经应用于出租车行业，其已承担了找准路线这项工作，这意味着成为出租车司机的门槛降低了，认路能力不强的人也可以成为出租车司机。出租车司机可将更多的精力投入服务客户中，从而更加凸显出租车司机的人际交往能力，而不是司机的认路能力。

同样，由于人工智能的介入，目前正在遭遇转型的工作有很多，例如，棒球裁判员。棒球裁判员最重要的一项工作任务就是判定投手投出的是好球还是坏球。因为裁判员是人类，所以可能出现判罚失误的情况，这会引起运动员的不满。这迫使棒球这项运动开始使用人工智能的方式来提高判罚的准确性。首先是使用人工智能进行场地追踪，以此来判断每一个投球的轨迹；随后，裁判员根据运动员击球的准确度进行评分，进而决定判为好球还是坏球。

2019年，某职业棒球联盟又向前推进了一步，他们创造了一个复杂的系统，让人工智能与人类合作，判定每一个进球的好坏。人工智能（用作投球的追踪器）先判定一个投球是好球还是坏球，然后，记者席中的一名工作人员将人工智能的判定信息转达给戴着耳塞的裁判员。在人工智能明显误判的情况下，裁判员有权在球场上否决其判定。这个系统的初期反馈都是肯定的，因为运动员、裁判员和球迷的冲突事件变少了，而判罚的正确度也得到了提升。裁判员仍然扮演着处理人际冲突、承担情感任务的角色，但人工智能已经承担了大部分思考任务，至少在对好球或坏球的判定上是这样。即使是顶级棒球比赛，比如美国职业棒球大联盟，也开始使用人工智能来判球。

同样，国际机场的入境检查人员也存在类似境遇。过去，入境人员排着长队，等待工作人员检查护照（必要时还需检查签证），这项工作涉及大量无须动脑的常规性工作，可以轻松实现自动化。因此，世界各地的许多机场都安装了自动扫描设备，可以读取护照、识别指纹甚至识别人脸。这项技术带来的最终结果就是，检查所需的工作人员越来越少；留下来的工作人员也不得不进行工作方式升级，转而去关注更加棘手的问题以及与入境人员的非常规性互动。[②]

这说明，在人工智能的加持下，很多工作出现了"智能+人力"的组合模式。在这种模式下，人工智能承担了更多较低智能水平的任务，人类可专注于较高智能水平的

---

① 曹天杰，张爱娟.网络空间安全概论[M].西安：电子科学技术大学出版社，2022：155.
② 拉斯特，黄明蕙.情感经济：人工智能、颠覆性变革与人类未来[M].彭相珍，译.北京：中国对外翻译出版公司，2022：119.

工作。随着人工智能承担的体力劳动和机械性任务不断增多，甚至承担的思考性任务也日益增加，人类工作者将承担更多较以往责任更大也更有趣的工作，这相较于以往有了很大的变化。

（三）劳动结构的变化

人工智能是实现人类活动目的的手段，以人工智能技术为基础的各种劳动形态不断涌现，服务于人类生产和生活的各个领域。而这种新的劳动形态，需要有经过专业培训的劳动者方能胜任。因此，人工智能劳动形态将会刺激劳动者素质的不断提升，带来人才类型和结构的大调整，从而对劳动结构产生重要影响。其主要变化趋向是，很多繁重、枯燥、重复的体力劳动被智力劳动所代替。[①]

从20世纪末起，技术变革便通过各种不同的方向发挥作用。计算机和互联网的问世，提高了高技能工人的相对生产力。在计算机和通信技术创新的驱动下，人工智能对劳动力市场的影响将继续趋于技能偏向型变革。可以预见的是，那些侧重于可预测、易于编程任务的常规劳动密集型职业（如交换机操作员、备案员、旅行社代理人和流水线装配工人等）更容易被人工智能新技术所取代。[②]

至于影响程度，研究者有不同的看法。如美国学者Carl Frey和Michael Osbourne的研究表明：基于对人工智能技术性能的评估、现有职业特性之间的关系与各职业的就业水平，美国有47%的工作存在被人工智能取代的风险。然而，经济合作与发展组织（Organization for Economic Co-operation and Development，OECD）的研究人员强调，自动化将任务而非职业作为其目标，职业本身是特定任务的组合，随着一些相关的任务变得可自动化，许多职业都可能改变。因此，经济合作与发展组织的分析指出，完全被自动化的职业相对较少，估计只有9%的工作有完全被替代的风险。[③]

同时，人工智能技术带来了更多非标准化的就业形态，从而增加了新的、比较灵活的就业形式，如非全日制就业、短期就业、派遣就业、季节性就业、待命就业、兼职就业、远程就业、承包就业、独立就业、自营就业以及家庭就业等。对于劳动者来说，将更多地从事于非标准化的工作，要主动拥抱新技术，利用新技术来寻找新机会，通过从事自由职业、兼职等来弥补全职工作的不足，从而缓解技术性失业带来的劳动力市场紧张问题。

总体而言，人工智能技术对劳动的内容、类型、形式都会产生一定的影响，既有积极的一面，让人类能从烦琐、重复的工作中解放出来，促进效率提升；同时也会给就业市场带来一定的冲击力，出现机器换人的现象，结构性失业占有一定的比例。这就需要人们理性看待人工智能时代带来的变化与影响，积极适应时代之变，提高核心素养与能力，保持终身学习的动力，以不变应万变，以自身核心能力为"体"，乘势人工智能之"用"，自如应对未来社会。

---

① 李仁涵.智能时代高等教育模式研究[M].上海：上海大学出版社，2019：131.
②③ 同①：133.

第二节　创造性劳动与创新创业

随着人工智能时代的到来，劳动形态、内容、结构均将受到深远影响，这也对劳动者提出了新的时代命题与素养要求。2017年，国务院印发了《关于强化实施创新驱动发展战略进一步推进大众创业万众创新深入发展的意见》（国发〔2017〕37号），其目的在于进一步系统性优化创新创业生态环境，强化政策供给，突破发展瓶颈，充分释放全社会创新创业潜能，在更大范围、更高层次、更深程度上推进大众创业、万众创新。这也为高等教育机构革新传统高等教育理念、目标、内容和模式，积极迎接建设创新型国家对工程技术人才的挑战，深化教育体制改革，倡导创新文化，培养具有创新精神、态度、技能和知识的青年科技人才和新工科人才，提供了政策方向引领。无论是社会劳动者还是在校大学生，面对汹涌来袭的人工智能时代，更新劳动观念，拓展符合人工智能时代的劳动素养，培养创新创业精神，为在未来竞争中立于不败之地早做准备，是为识时务者。

一、创造性劳动与创新创业的内涵

▶ 创造性劳动与创新创业的内涵

从劳动的内容与性质来看，劳动可分为重复性劳动与创造性劳动。两者不可偏废，无高贵低贱之分。但是，两者的价值与作用却不同。如果说重复性劳动或模仿性劳动的本质特征在于复制和生产人类已有或部分已有的使用价值，那么创造性劳动的独特性在于认识和掌握未知或部分未知事物，发现、发明和创造人类未有或部分未有新质使用价值。[1] 由此可见，重复性劳动的成果主要是人类已有或部分已有的使用价值，表现为劳动成果量的积累。而创造性劳动强调的是一个从无到有的过程，它是人类通过体力和脑力的消耗，最终创造或改进某种产品、技术、方法、思想、理论的过程，主要表现为劳动成果质的突破。创造性劳动成果不仅包括物质财富的创造，是有形的物质产品，如指南针、电话机、内燃机、青霉素、计算机等物品的发明创造；也包括精神财富的创造，如文学家的文学作品、音乐家的音乐作品、爱因斯坦提出的相对论、马克思提出的剩余价值理论等。[2]

创新创业是一个综合性概念，包括两个维度：创新和创业。"现代创新之父"约瑟夫·熊彼特在《经济发展理论》一书中提出了"创新"的概念，并通过《资本主义、社会主义和民主主义》等著作构建了其"创新"的理论体系。约瑟夫·熊彼特认为，"创

---

[1] 赵培兴.创新劳动价值论——论超常价值[M].北京：人民出版社，2014：52.
[2] 赵明霏.从劳动创造性到创造性劳动：新时代高校劳动教育的价值目标[J].山东工会论坛，2021，27（5）：3.

新就是把一种新的生产要素和生产条件的新结合引入生产关系"。它包括五种情况：①引入一种新产品；②引入一种新的生产方法；③开辟一个新的市场；④获得原材料或半成品的一种新的供应来源；⑤实现一种新的企业组织形式。①

"创业"在《辞海》中的定义是"创立基业"，在《现代汉语词典》中的解释是"创办事业"，在《新华字典》里被定义为"开创事业"。"创"字篆文从刀，仓声，是形声字。"业"字篆文像古代乐器架子横木上的大板，上面刻有锯齿，以便悬挂钟、鼓等乐器，后引申为所从事的学业、事业、职业、行业、产业、工作等。由此可见，创业是创字当头，业为基础。这就意味着任何一项事业都是一个由无到有、由小到大、由简到繁、由旧到新的创造过程。②

总体而言，创业并无确切统一的定义，各人从不同的角度出发，会得出不同的定义与解释。具体来说，创业有广义和狭义之分。广义的创业是指人类带有开拓、创新性质并有积极意义的社会活动。广义的创业涉及范围很广，包括政治、经济、军事、文化、科学、教育等方面。狭义的创业是指个人或小规模群体所从事的具有创新或创造性、以增加财富为目的的活动，它既包括创设新的职业、创办新的企业，也包括以工资形式就业后在岗位上成才立业。③本文所采用的是广义上的创业概念。

从"创造性劳动"与"创新创业"的内涵来看，两者有几个关联之处。其一，无论是"创造性劳动"还是"创新创业"，都具有"新"的特点，是一个从无到有、从量到质的突破过程。其二，两者在本质上是相通的，创造性劳动是创新创业的结果，创新创业的呈现形式就是创造性劳动。其三，创造性劳动与创新创业在语境运用上有一定的区别，创造性劳动更具社会性，是人们为了获取社会资源，以满足自身物质需求与精神价值需求而开展的活动。它呈现出来的均是已经成功的结果。而创新创业更多的是受个体内在因素驱动，所呈现的是创造性劳动本身。它更多的是展示一个过程或者作为，其结果不一定成功。

总体而言，创造性劳动与创新创业这两个范畴是紧密相连的。两者都涵括物质与精神两个层面，是意识与实际两个方面的"新作为"。创造性劳动为创新创业精神提供支撑与驱动，创造性劳动必然是创新创业行为，但创新创业未必有创造性劳动成果。通过职前对创新创业精神、意识、素养、技能的培养，可以提高个人服务社会需求的适应度，实现个人社会价值的追求。同时，这也将推动创新型社会的形成，促进国家乃至人类社会的发展与进步。

二、劳动变化与创新创业的必要性

人工智能的出现，必然会带来创造性劳动的大发展。人类会更快地摆脱各种低级、

---

① 黄炳超，符茂.大学生非智力因素培养与职业生涯发展[M].北京：光明日报出版社，2016：125.
② 陈建作.大学生创新与创业基础[M].北京：北京理工大学出版社，2021：24.
③ 刘正刚.大学生创新创业研究：以艺术生为例[M].北京：航空工业出版社，2019：1.

低效、简单的劳动，各种简单的人力劳动都将被机器或者智能技术所代替。不仅如此，人工智能还大大拓宽了人类社会的认知视野。与以往的技术变革不同，人工智能虽是人类创造出来的，但它具有较强的能动性。它的很多行为和做法并不被人类所理解，或者说完全超出了人类所能够理解的范围。AlphaZero和ChatGPT就是很好的例证。①

　　2017年底，谷歌旗下的DeepMind公司开发的人工智能程序AlphaZero击败了当时世界上最强大的国际象棋程序Stockfish，在100场对弈中，AlphaZero的战绩是28胜72平0负。AlphaZero与之前的其他国际象棋程序相比，存在一个显著的差别，即之前的程序需要人类棋手先构思棋路，然后程序按照这些棋路进行对弈。简单来说，这些程序依赖于人类的经验、知识和战略。而AlphaZero则完全不同，它的走法并非源自人类的指导，而且其中很多走法是人类未曾考虑过的。国际象棋大师加里·卡斯帕罗夫在观察和分析了AlphaZero的棋局后称："AlphaZero彻底动摇了国际象棋的根基。"②2022年末，由OpenAI公司开发的自然语言处理工具ChatGPT横空出世，这个工具能够根据人类提供的简单指示生成专业的文本，一些文本的质量甚至超出了由某个人或某些人共同创作所能够达到的水平。③

　　以上案例说明，在一些关键领域，人类理性不是认识或驾驭现实的唯一方式，或许也不是最先进的方式，而人工智能能够实现比人类理性所能达到的更好的结果。人工智能的出现和发展将使人类进入一个以三种主要方式做出决策的世界：一是人类决策；二是机器决策；三是人机合作决策。人工智能也不仅仅是一种被动的工具，它已上升到人类伙伴层面。

　　虽然人工智能会对人类的认知、文化、观念、历史产生极大影响，并重构人类社会，但人类与人工智能并不是完全对等的，归根结底，人工智能是由人类构建的，也是由人类指挥的，只不过人工智能可以在一定程度上发挥能动性，而不仅仅是完全被动地听从人类的指挥。④显而易见，人工智能时代，人类社会的劳动形式、内容、结构均将发生变化。对于社会劳动的主体——人类而言，如何应对是一个无法回避的问题。

　　一方面，在人工智能时代，新兴产业需要创新创业人才来支撑与引领。人工智能是人类在计算机科学技术上取得了重大突破后，与心理学、哲学等多学科交叉融合的新兴学科。人工智能革命正成为新一轮科技变革和产业转型的核心，抓住这个技术革新的机遇，已成为国际竞争抢占先机的共识。党的二十大报告指出，"推动战略性新兴产业融合集群发展，构建新一代信息技术、人工智能、生物技术、新能源、新材料、高端装备、绿色环保等一批新的增长引擎"⑤。这意味着今后我国急需一批能支撑战略性

---

①②③④　孙树强.人工智能发展所带来的变革与反思[EB/OL].（2023-11-02）[2024-3-31].https://www.thepaper.cn/newsDetail_forward_25165909.
⑤　习近平：高举中国特色社会主义伟大旗帜 为全面建设社会主义现代化国家而团结奋斗——在中国共产党第二十次全国代表大会上的报告[EB/OL].（2022-10-25）[2024-05-01].https://www.12371.cn/2022/10/25/ARTI1666705047474465.shtml.

新兴产业融合集群发展的"领军—科研—生产—操作"等创新型人才，既需要在思维、理念上的精神文化创新成果来谋划引领人工智能赋予人类社会长远发展的哲思，也需要在中观层面能实现研发生产的实体企业，更需要有能学会操作的劳动者来实现产品产出。

另一方面，人工智能在帮助人类减少重复性劳动、提高社会效率的同时，也对人类的劳动以及人类所应承担的任务提出了更高的素质要求。这种劳动属于创造性劳动，是更高阶的任务。它既引领人工智能的发展，又能驾驭人工智能。在情感、伦理、技术、理性、观念等层面，均应有全新的思考与创新性思维，以此来构建人类未来的美好社会。这种对未来社会的构建，无前人践行，是一个全新的领域，亟须具有创新创业精神与高素质的人才去开拓与建设。

从培养未来劳动者的大—中—小—幼教育体系而言，构建适应社会未来发展需求的人才培养体系是应有之义。人工智能时代信息瞬息变化，人们获取知识与信息的渠道也非常便捷，因此，教育的重心应从重在传授知识转向构建知识素养并重、侧重思辨能力培养的教学教育体系，即从应试教育转向素质教育。这种教育教学体系模式其实质是创新创业教育。创新创业教育从本质上来说是培养学生创新精神、创业素质、创业技能的教育活动，即培养学生如何适应社会生存、自主择业、自谋职业的方法和途径。[①]高校是培养创新创业人才的集大成者，是学生从校园走向社会的孵化器。大学生的成长规律及教育发展规律，都证明了此阶段是实行创新创业教育的最佳时期。因此，高校应积极响应国家创新驱动发展战略，着力构建创新创业人才培养体系，培养学生的创业意识、创新思维、创新品质和创业能力，为经济社会发展培养更多高素质创新型人才。[②]

作为当代大学生，应清晰认识到未来人工智能时代的社会发展趋势，转变就业观，积极参与各级各类创新创业实践活动，锻炼自己、增长才干，培养可持续发展的能力，为未来在社会上立足早做准备。高校应充分认识到创新创业教育对于提升我国高质量人才自主培养的重要性与必要性，应根据社会实际发展需求，从学科规律与未来发展趋势出发，重构课程体系，精心设计人才培养方案，立德树人，为国育才，为党育人。从国家层面来看，已在顶层设计上启动了创新驱动发展战略，教育部高等教育司启动了"四新建设"，倒逼高校聚焦创新卓越人才培养，加强立德树人根本任务的落实，培养通专融通、德智体美劳全面发展的社会主义建设者和接班人。未来已来，人工智能时代下，加强创新创业教育的自主性要求，营造良好的社会环境，势在必行，这也是迎接未来挑战的必备法宝。

三、创新创业养成路径

英国学者柯林·博尔认为，未来的人都应该持有三本"教育护照"：第一本是学术

[①②] 黄炳超，符茂.大学生非智力因素培养与职业生涯发展[M].北京：光明日报出版社，2016：126.

性护照；第二本是职业性护照；第三本是创业教育护照。1989年11月，联合国教科文组织在北京召开"面向21世纪教育国际研讨会"，第三本创业教育护照被写进此会议的报告中，并把具有事业心和开拓技能的教育称为"创业教育"。[①] 由此可见，培养"事业心"，掌握"开拓技能"，是创新创业教育的内涵与要达成的目标。前者侧重于精神层面，后者侧重于技能层面。两者相辅相成，犹如车之两轮，鸟之两翼，缺一不可。有了对创新创业教育内涵与必要性的认识，加强对国家创新创业政策、创新创业实践平台的了解，以及对大学生创新创业成功案例的学习，均有助于创新创业精神与技能的养成，为自身适应未来社会的发展做好准备。

▶ 创新创业养成路径与成功案例

（一）政策支持

我国创业教育工作起步较晚，从1996年起才逐步展开。我国高等教育对创业教育理念的正式回应，始于1998年12月24日公布的《面向21世纪教育振兴行动计划》。该计划提出：要加强对教师和大学生的创业教育，鼓励他们自主创办高新技术公司和企业。2010年4—5月，教育部成立了"2010—2015年高等学校创业教育指导委员会"，召开了推进高等院校创新创业教育和大学生自主创业工作视频会议，并下发了《关于大力推进高等学校创新创业教育和大学生自主创业工作的意见》（教办〔2010〕3号），号召高校开展创新创业教育，鼓励高校学生自主创业，以此作为促进高校毕业生充分就业的重要措施。这意味着我国高等院校创新创业教育进入了新的发展阶段。

2015年，国务院颁发的《关于大力推进大众创业万众创新若干政策措施的意见》（国发〔2015〕32号）指出，要按照"四个全面"战略布局，坚持改革推动，加快实施创新驱动发展战略，充分发挥市场在资源配置中的决定性作用和更好地发挥政府作用，加大简政放权力度，放宽政策、放开市场、放活主体，形成有利于创业创新的良好氛围，让千千万万创业者活跃起来，汇聚成经济社会发展的巨大动能；不断完善体制机制、健全普惠性政策措施，加强统筹协调，构建有利于大众创业、万众创新蓬勃发展的政策环境、制度环境和公共服务体系，以创业带动就业、创新促进发展。

2017年，国务院颁发的《关于强化实施创新驱动发展战略 进一步推进大众创业万众创新深入发展的意见》（国发〔2017〕37号）提出，要进一步系统性优化创新创业生态环境，强化政策供给，突破发展瓶颈，充分释放全社会创新创业潜能，在更大范围、更高层次、更深程度上推进大众创业、万众创新。

2021年，国务院办公厅颁发的《关于进一步支持大学生创新创业的指导意见》（国办发〔2021〕35号）指出，要进一步支持大学生创新创业，以提升大学生创新创业能力、增强创新活力。该意见还提出，要提升大学生创新创业能力、优化大学生创新创业环境、加强大学生创新创业服务平台建设、推动落实大学生创新创业财税扶持政策、

---

① 王克.高校创新创业探究[M].北京：北京时代华文书局，2021：14.

加强对大学生创新创业的金融政策支持、促进大学生创新创业成果转化、办好中国国际"互联网+"大学生创新创业大赛、加强大学生创新创业信息服务等9个方面的指导性意见。该意见还号召各地区、各有关部门要认真贯彻落实党中央、国务院决策部署，抓好本意见的贯彻落实。教育部要会同有关部门加强协调指导，督促支持大学生创新创业各项政策的落实，加强经验交流和推广。地方各级人民政府要加强组织领导，深入了解情况，优化创新创业环境，积极研究制定和落实支持大学生创新创业的政策措施，及时帮助大学生解决实际问题。

2022年，国务院办公厅颁发的《关于进一步做好高校毕业生等青年就业创业工作的通知》（国办发〔2022〕13号）提出，要支持高校大学生自主创业和灵活就业。主要体现在：深化高校创新创业教育改革，健全教育体系和培养机制，汇集优质创新创业培训资源，对高校毕业生开展针对性培训，按规定给予职业培训补贴；支持高校毕业生自主创业，按规定给予一次性创业补贴、创业担保贷款及贴息、税费减免等政策，政府投资开发的创业载体要安排30%左右的场地免费提供给高校毕业生创业者。支持高校毕业生发挥专业所长从事灵活就业，对毕业年度和离校2年内未就业的高校毕业生实现灵活就业的，按规定给予社会保险补贴。

目前，创业教育作为素质教育的一个重要方面，已经在大中专院校全面开展。同时，创业教育作为促进大中专毕业生更新与转变就业观念的一门综合性课程，也正在发挥着积极的作用。[①]

总体而言，国家在政策层面是大力支持与鼓励大学生创新创业的，不断加大支持力度，营造各类环境，并要求高校深化创新创业教育改革，为学生提供各种创新创业机会与平台，促使大学生创新创业能力的提升。

（二）实践平台

党的十八大以来，我国不断深化高等学校创新创业教育改革，包括修订人才培养标准、改革教学育人机制、加强师资队伍建设、强化创业实践训练、构建创业帮扶体系等，把创新创业教育融入人才培养全过程，为建设创新型国家提供源源不断的人才智力支撑。具体而言，大学生获取"双创"教育的平台与机会主要有以下几种。

一是专业学业课程和创新创业大赛。国家要求强化"双创"教育，将就业创业教育融入专业和学业，支持高校普遍开设创业课程、设置创业学分、举办创业大赛，以此提升学生的创业意识和创业能力。因此，大学生可以在创业课程学习、获取创新创业学分、参加各级各类创业大赛的过程中获得锻炼自身的机会。

目前具有全国性影响力的是中国创新创业大赛和中国"互联网+"大学生创新创业大赛。中国创新创业大赛是由科技部、财政部、教育部、国家网信办和中华全国工商业联合会共同指导举办的一项以"科技创新，成就大业"为主题的全国性创业比赛。

---

① 王克.高校创新创业探究[M].北京：北京时代华文书局，2021：14.

大赛秉承"政府主导、公益支持、市场机制"的模式，既有效发挥了政府的统筹引导能力，又最大化聚合激发了市场活力。为落实党中央、国务院提出的大众创业、万众创新的重大部署，深入实施创新驱动发展战略，中国创新创业大赛聚集和整合各种创新创业资源，引导社会各界力量支持创新创业，搭建服务创新创业的平台，弘扬创新创业文化，激发全民创新创业的热情，从而掀起创新创业的热潮，打造推动经济发展和转型升级的强劲引擎。

中国"互联网+"大学生创新创业大赛是由教育部与多个政府部门和地方人民政府共同主办，并由各高校参与承办的重要赛事。大赛旨在深化高等教育综合改革，激发大学生的创造力，培养造就"大众创业、万众创新"的主力军；推动赛事成果转化，促进"互联网+"新业态的形成，服务经济提质增效升级；以创新引领创业、以创业带动就业，推动高校毕业生实现更高质量的创业就业。

从 2015 年开始举办第一届大赛起，随着赛事的不断发展，参与的高校和学生数量不断增加，其影响力也日益扩大。大赛通常设有高教主赛道、"青年红色筑梦之旅"赛道、职教赛道、产业命题赛道和萌芽赛道等不同的组别和赛道，参赛团队需要根据自身项目的特点和情况来选择合适的参赛方向。部分高校将大赛设为学校本科评估和双一流评估的要点，体现了其对于衡量学校创新创业教育成果的重要性。这也促使学校积极营造创新创业氛围，整合资源，优化课程体系，加强对学生创新思维和创业能力的培养，从而全面提升学校的教育质量和综合竞争力。

二是示范基地与创业园。国家要求高标准建设"双创服务示范基地"、众创空间等，为大学生提供低成本的创业辅导、免费创业工位等一系列综合配套服务，并加大对大学生创业担保贷款、创业补贴和天使投资的支持力度，落实对创业企业的税费减免政策。

"双创服务示范基地"是在国家相关部委的指导下，由中国中小企业协会信用管理中心、深圳市智点智汇信息技术有限公司、智客空间等共同发起成立的综合型企业服务平台。该平台主要通过企业信用评估、互联网服务、企业注册、项目孵化、资本对接、上市辅导等服务，帮助中小企业搭上"互联网+"的快船，提升创新力以及生产力，推动大众创业万众创新，加快发展新经济。

众创空间即创新型孵化器，是对互联网新型创业公共服务平台的统称。其中，"众"是主体，"创"是内容，"空间"是载体。它是顺应创新 2.0 时代中用户创新、开放创新、协同创新、大众创新的趋势，把握全球创客浪潮兴起的机遇，根据互联网及其应用深入发展、知识社会创新 2.0 环境下创新创业的特点和需求，通过市场化机制、专业化服务和资本化途径，构建低成本、便利化、全要素、开放式的新型创业公共服务模式。

三是返乡创业。国家积极引导和支持高校毕业生充分运用地方特色、民族特色、城市非物质文化遗产开展创新创业活动，鼓励农村大学生返乡创业。

Chapter 6

第六章

大陈岛垦荒精神的演进与弘扬

大 学 生 劳 动 教 育

20世纪50年代中后期，467名青年志愿者先后登上了浙江台州大陈岛，开创了垦荒创业的新局面，铸就了"艰苦创业、奋发图强、无私奉献、开拓创新"的大陈岛垦荒精神。大陈岛垦荒精神是感召台州人砥砺前行的强大精神力量。回首这段历程，可以说，大陈岛垦荒之路是艰苦奋斗的劳动之路，而大陈岛垦荒本身就是劳动教育的鲜活载体。

一、大陈岛垦荒的历史背景

（一）大陈岛的地理位置

大陈岛位于浙江省台州市，地处我国粤、闽、浙海上交通咽喉要道，介于舟山群岛和南麂列岛之间。它由大陈岛、一江山岛、竹屿、上屿、中屿和下屿等97个大小岛屿和83个礁组成，这些岛屿巍峨，山势险要，为浙江东南海上之要塞，乃兵家必争之地。大陈岛又分上大陈岛、下大陈岛，由29个岛礁组成，位于浙江中部台州湾东南洋面，距离浙江省台州市主城区52公里，离大陆海岸线最近点（路桥区金清镇黄琅同头咀）23.6公里。

大陈岛以山地为主。大陈岛东西最大距离为5.8公里，南北最大距离为9.7公里，陆域面积为14.6平方公里。其中，上大陈岛陆域面积为7平方公里，下大陈岛陆域面积约为5平方公里。目前，大陈岛隶属于台州市椒江区大陈镇，是椒江区唯一的海岛集镇。

地形上：由于海岛受地质构造及主导风向控制，上、下大陈岛的脊线及岛屿间的水道走势大多呈东北偏东方向；岛屿西侧因西风频率较低，所以在西侧湾部相应发育为滩涂等海积地貌。

气候上：大陈岛属亚热带季风气候，为我国暖寒流交汇之处，潮流缓慢、海底平坦，有机物丰富，是各种鱼类繁殖、生长的理想场所。每年的7—9月是台风季节，海岛易受台风影响。

水文上：大陈岛淡水资源按季节分布，随降水多寡而变动，目前，在上、下大陈岛建有4座水库。大陈岛的土壤可分为滨海盐土、潮土、红壤和粗骨土4个土类，土壤的有机质含量明显高于大陆。其中，棕红泥土是数量最多的一个土种。

植被上：大陈岛森林总面积为1305.7公顷，森林覆盖率达60%以上。大陈岛植物种类丰富，享有"大陈岛水仙花""大陈岛盆景"之美誉，为富有海岛特色的自然景观之一。

（二）一江山岛战役

一江山岛位于台州湾椒江口海面，距陆地30余公里，北至头门岛9公里，南至大陈岛约17公里，由南、北两岛组成，面积分别为0.65和1.1平方公里，两岛相隔约200米宽的海峡，故名一江山。1955年1月18日，就在这个东海上毫不起眼的弹丸小岛上，爆发了震惊中外的一江山岛战役。在此次战役中，中国人民解放军陆海空三军首次协同作战，全歼岛上国民党守军，一举解放一江山岛。一江山岛登陆作战的胜利，沉重打击了浙东南沿海岛屿的守敌。

一江山岛解放后，大陈岛守敌惊恐万分。1955年1月30日，蒋经国乘飞机抵达大陈岛部署撤退事宜。2月7日，美国第七舰队与少数蒋军舰艇配合，共派出132艘舰艇、500余架飞机、48000余名海军陆战队人员至大陈岛掩护撤退行动。2月8~12日，驻岛的46师和直属炮兵、军官战斗团等18000余人撤离大陈岛；同时，裹挟岛上居民近2万人随同撤离。在撤离时，国民党军队对岛上所有的建筑物和各种设施进行了爆破和焚烧。中国红十字会《关于蒋军在美国指使和掩护下撤出大陈岛时所犯下的罪行的调查报告书》称：蒋军撤退前，将大陈岛上24个村庄和街镇的民房烧毁。南坑、小岙里、关帝庙3村及大沙头附近32户居民的房子全部焚毁。下大陈10多处水井、水池和水库大多被炸毁。333艘渔船全部被焚毁。全岛埋设了1万多枚各式地雷。国际上将国民党军队此次的破坏行为称为"大陈浩劫"。[①]

二、大陈岛垦荒的发起

刚刚从战争的硝烟中诞生的新中国，面临着诸多严峻的挑战。一方面，急需医治战争创伤，克服经济困难，需要迅速恢复和发展生产。另一方面，大批军人也亟待妥善安置。1955年7月，中共中央召开各省、市、自治区党委书记会议。会上，毛泽东提出从1956年到1967年，国营农场耕地面积要大发展，在三个五年计划内准备垦荒造田4亿至5亿亩，以给国家提供更多的商品粮。为此，军垦官兵、垦荒队员、支边青年、知识青年等纷纷向垦荒地集结，形成了一波又一波的垦荒运动，如军队屯垦北大荒、新疆垦荒、知识青年垦荒支边、知识青年上山下乡、共青团志愿垦荒等诸多形式。

在共青团系统组织的垦荒活动中，先后涌现出3支青年垦荒队，第一支由北京青年组成的垦荒队去了北大荒，第二支由上海青年组成的垦荒队去了江西共青城，第三支由温州、台州青年组成的垦荒队去了大陈岛。其中，大陈岛垦荒更具突击性的特点，主要担负垦荒戍边的责任，践行"敌人破坏，我们建设"的口号，维护东南沿海地区的社会稳定，保障人民安居乐业。

三、登岛垦荒的历程

1956年1月29日，这是温州青年志愿垦荒队启程的日子。这一天，全体垦荒队员胸前佩戴大红花，在热烈欢送的锣鼓声中，告别父老乡亲，踏上大陈岛的征程。1月31日，离春节只有12天，首批青年志愿者登上了大陈岛。"当时大陈岛没有码头，我

---

① 第七节 解放一江山岛战斗[EB/OL].（2019-05-07）[2024-05-01].http://tzsz.zjtz.gov.cn/art/2019/5/7/art_1229207880_54439452.html.

们是通过驻岛部队的小船渡岸，到了岸边，解放军战士将我们一个个背到岸上"，垦荒队副队长王宗楣（第二年任队长）回忆说。此时，摆在全体垦荒队员面前的是一座满目疮痍的荒岛。战后的烂摊子，正等着垦荒队员们来收拾和建设。敌人的疯狂破坏，让垦荒队员们无比愤怒。"敌人破坏，我们建设"的口号让队员们热血沸腾。2月2日，全体队员顶着寒风登上了岛上的最高峰——凤尾山顶峰。面对飘扬的队旗，他们举臂庄严宣誓："我是一名青年垦荒队员，志愿来到祖国的大陈岛，面对着祖国的海洋，背靠着祖国的山河，脚踏着海防前哨，肩负着人民的希望，我们宣誓，坚持到底，决不退缩，与英雄的边防军一起，用辛勤的劳动，把海岛变成可爱的家园……"宣誓完毕，垦荒队员们拿起锄头，一齐摆开阵势，挥锄开垦荒地，迈出了艰苦创业、重建大陈岛的第一步，开启了大陈岛青年垦荒的新篇章。至1960年7月大陈岛志愿垦荒结束，前后共5批467名来自温州、台州的青年志愿垦荒队员陆续上岛，参与大陈岛的垦荒建设。

（一）第一年：以垦荒种植为主

来到大陈岛后，青年垦荒队的第一任务就是：开发土地，种上庄稼，并利用岛上的青草发展畜牧生产，实现垦荒队员生活的初步自给自足。然而，要完成此项任务谈何容易。国民党部队逃离前，在岛上布满了地雷和铁丝网。麦地、菜园、水井，所到之处都有触雷身亡的危险。据先前登岛的解放军某部介绍，短短几日就扫出地雷7000余枚，特别是那种塑料壳化学地雷，连扫雷器也发现不了，又不会腐烂，已有数十名战士被炸伤致残。面对危险的地雷，该怎么办？难道要退缩吗？队员们纷纷表明决心：不！即使牺牲了，也要把大陈岛的每一寸土地都开发出来。在驻岛部队的帮助和指导下，队员们学会了排雷与避雷，一边排雷一边开荒，很快便恢复了生产。为了减少伤亡，队员们还想出了利用牛、羊在前面扫雷，自己在后面垦荒的办法，终于破解了敌人布下的地雷阵。

垦荒队的年轻人大多生活在城市，缺少生产知识和能力。种庄稼、养畜牧，对刚从城市来的年轻人来说谈何容易。手执锄柄硬巴巴地，他们不知如何挖土成垄，没干几下，双手就隆起串串血泡、钻心地疼。生产知识匮乏，他们分不清韭菜与麦苗，认不清薯种的头与根，到了插播番薯种苗时，许多人把头部埋在土里；到麦地里除草，有人竟把麦苗当杂草铲了；看到大黄牛，不少人吓得直往后退；要拉起猪尾巴才能辨出猪的雌雄；挑上二三十斤的担子，走不了几步就气喘吁吁了。

大陈岛位于台风频繁过境地带，夏秋季节常常受到台风侵袭。在垦荒队上岛的当年，就遭遇了12级强台风正面袭击大陈岛，一时间，狂风呼啸、巨浪滔天，强台风一下子就刮倒了队员们辛苦半年来建造起来的猪舍牛棚，也毁坏了刚刚开垦出来并插上藤苗的番薯地。面对重重困难，垦荒队员们毫不退缩，他们始终以钢铁般的意志迎难而上。有一百个困难，就克服一百个，有一千个困难，就克服一千个，这种不屈不挠的精神令人为之动容。他们将双手的血泡视为"光荣泡",这背后是他们为了建设大陈岛而付出的辛勤汗水和无私奉献。"苦战三年,改变大陈面貌"的誓言掷地有声,体现了他们强烈的责任感和使命感。他们怀揣着对党的忠诚和对人民的承诺,一心扑在岛上的生产建设上。他们用青春和热血浇灌着这片土地,为实现把大陈岛建设成为海上乐园的美好愿景而拼搏奋斗。

经过垦荒队员们的努力,终于夺得了第一个丰收年。当年就收获番薯5万多公斤,马铃薯2万多公斤,蔬菜2.5万多公斤,以及一些花生、绿豆等农产品。同时,垦荒队与驻岛部队一起,针对岛上植被容易受台风暴雨侵袭的情况,采用树籽点播和飞机直播两种办法,全面打好种植业的基础,让树苗根系深入土层,经得起大风大雨,成活率高,使海岛绿化成林。垦荒队员们在第一年就栽种了2万多株柑橘、杨梅、水蜜桃、梨、葡萄等果树苗。

(二)第二年:畜牧养殖和渔业捕捞齐发力

针对大陈岛山多地少、海洋资源丰富的特点,第二年,垦荒队就分工做了调整,组建了农业队、畜牧业队、渔业队3支队伍。其中,畜牧业队又细分为养羊队、养猪队、养牛队和养兔队,渔业队又细分为捕捞队和海带队。垦荒队在上大陈办起了养牛场,在下大陈办起了养猪场、养兔场。此外,他们还积极筹划在大陈岛附近的小岛开拓新的牧场,在竹屿岛、洋岐等周边小岛上放牧(包括猪、羊、兔、鸡等)。岛上物资匮乏,为了发展畜牧业,改善队里的伙食,让队员们能吃上猪肉,垦荒队努力办好牧场养好猪。在平常人眼中又脏又臭的猪崽,在队员陈兰芬、狄莲霞和张秀媚眼里却是心肝宝贝,她们宁愿自己吃苦,也不让它们遭受意外。大冷天,她们将猪崽抱到床上,用自己的花被子去暖和它;三伏天,就端条板凳,坐在一边给小猪扇凉;煮好饲料后自己先尝一口,生怕猪食太烫……岛上遇台风,猪舍倒塌,惊得小猪乱窜,姑娘们顶着狂风在山梁上艰难爬行,把失散的猪一头头找回来。仅1957年一年,垦荒队就养殖了130头牛(包括25头奶牛)、200只羊、350头猪和1000多只兔。

垦荒队派张其元等4名队员到温州地区渔业指导船学习海上作业;金育育、徐小芳等8名女队员也在海上勤学苦练,学习海洋捕捞和海带养殖技术。这在当年的浙江沿海可是破天荒的新闻。1957年,渔业生产总收入达18万余元,这在当时是一笔可观的收益。大队部领导提出:苦战一年,增收节支,向渔业机械化生产发展。垦荒队员们人人自觉响应,节约生活开支,每人每月除了留下2元零用钱外,其他全部投入渔业队集体建设中,总共积攒了3万余元,加上专员公署的支持赞助,终于建造了两艘"打洋"船,这也是台州地区的第一对大帆船。后来,由于帆船动力不足,垦荒队就从省里争取到了两台机器,这样台州地区的第一对机帆船便配备成功了。

(三)第三和第四年:加工业从兴起到发展

垦荒队养的奶牛多了,鲜奶运不出去,必须办乳品厂。洋设备买不起,就找来土设备的图样，可是制造土设备也要 250 多公斤铜才行，怎么办呢？几十名垦荒队员一起上山，到破地堡里去拾捡炮弹壳、子弹壳等废铜，仅一天时间就挖出了 350 多公斤，用这些废铜铸造成炼乳铜锅，在上大陈牛场办起了炼乳作坊。经过反复试验，垦荒队在工厂里产出了符合标准的炼乳，并向驻军家属、居民供应乳品。

大陈岛的水产品很多。1958 年，垦荒队决定开办水产品加工厂。然而，没有资金，他们就把过五一劳动节的会餐费节约下来，作为基本投入；没有技术，就派人到外地学习，并找来资料进行研究；没有设备，就因陋就简，土法上马，自己动手解决。他们用铝皮做成土锅炉，用木头做成土压榨机。做虾酱没有电动钢磨，担任水产加工厂副厂长的李光旦连着三四个晚上不睡觉，造出了牛拉的石磨。

为增加集体收入，1958 年，垦荒队试养当时仅限于北方部分沿海地区养殖的海带，最终海带南移获得成功。为加快大陈岛的建设，同年，垦荒队又协同岛上集体企业办起了砖瓦厂、五金修配厂、渔业机械修理厂。各种加工业的兴起，极大地提高了大陈岛的生产力，队员们的生产生活条件也得到了显著改善。

（四）第五年：垦荒队历史完成使命

到 1960 年 7 月，通过五年的志愿垦荒建设，大陈岛发生了翻天覆地的变化。当年被敌人破坏后的荒凉废墟，如今已建成繁荣崭新的海上乐园。

岛上的基础设施得到了大幅度改善。人们利用岛上被敌人破坏后残留的断垣残壁修建房屋 2000 多间，新建了供 50 户居住的"工人之家"，还有大陈小学和可容纳近千名观众的"友谊俱乐部"等。交通方面，新建了两座码头和 20 多公里的公路，往来船只停泊和汽车运送物资非常方便。供水方面，修建了两座水库，满足了居民和渔民对淡水的需求。电网覆盖全面，岛上每家每户都有了电灯照明。渔汛期间，数以万计的各地渔民进出大陈渔港避风并进行渔获交易。

农、渔、牧、副业生产得到蓬勃发展。新开垦土地 1000 多亩，在开垦的土地上种植了番薯、麦子、花生、马铃薯和蔬菜等农作物，产量达 139 万公斤，是 1956 年的 9 倍；蔬菜实现了自给自足。新办农牧场和养牛场各一处，猪、牛、羊、兔等畜禽的饲养量是 1956 年的 10 倍多，实现了 1 亩田 3 头猪，牲畜达 7496 头（只）。1960 年的渔业捕捞量是 1956 年的 6 倍，大陈岛成为当时黄岩县捕捞量最高的公社。

地方工业初步兴起。新办了发电厂、五金修配厂、造船厂、水产加工厂、被服厂、盐场、绣花厂、木器厂（后改为建筑工程队），为岛上居民的生产生活提供服务。同时，还建起了邮电所、百货商店、棉布店、饮食店等工商经营企业，为岛上居民生活提供便利。

教育、卫生、文化事业也有了相应发展，新办了医院、文化站、广播站、气象站以及小学、幼儿园等，解决了岛上居民的医疗、文娱和子女教育问题。

在发展生产的基础上，队员们的收入水平和生活水平也有了很大的提高，队员们实行吃饭供给制，子弟入托儿所的费用由生产队负责。男女队员们在建设大陈岛的共同劳动中建立了深厚的友谊，有的还产生了爱情，共有9对结为夫妻。

1958年，共青团中央授予垦荒队"先进集体"称号。垦荒期间，62名垦荒队员加入中国共青团，15名优秀共青团员加入中国共产党，50多人次获全国、省级、县级先进工作者荣誉称号，100多人被评为垦荒队"四好""五好"队员，涌现出许多先进典型代表。如：王宗楣被选为中国新民主主义青年团第三次全国代表大会代表；叶荣华被评为第二次全国青年社会主义建设积极分子；李光旦在1958年被选为第三次全国青年代表大会代表，并在同守共建、军民联防中积极参加民兵训练，获得三等功；1985年，陈萼亭出席了全国青年突击手（队）表彰大会，"海上姑娘"金育育于1959年4月被评为浙江省第二次青年社会主义建设积极分子等。

四、军民携手共建大陈岛

驻岛官兵是上岛最早的一支部队，他们将大陈岛视为自己的第二故乡。

（一）收拾残局

浩劫过后的大陈岛，房屋被炸毁，渔船被破坏，财物被抢劫一空，敌人留下的只是满岛的地雷和一片废墟。当战士们登上这座满目疮痍的荒岛时，困难像大海的波涛，一个接一个地向他们涌来。喝，没有水，水都被敌人投了毒药；住，没有房，房屋都被敌人破坏了；走，没有路，路上都被敌人布满了地雷。

岛上的地雷非常多，海滩边、山上到处都是。地雷的型号五花八门，有定时的、化学的等。美国制造的松发雷，人踩上去时不响，脚一离开就炸；那种塑料地雷更可恨，当时的探雷器都探不出来，排雷员随时都有牺牲的危险。但是，危险再大也吓不倒解放军战士，他们硬是一寸寸、一步步地从岛上清除了13000多枚地雷，为大陈岛的重新建设扫清了障碍。在排雷过程中，有十几位同志献出了宝贵的生命，他们用自己的血和肉，筑成了重建大陈岛的第一块奠基石。

解放军战士化验水源、清理废墟、修整破船，为重建大陈岛创造了有利条件。随后，解放军又协助岛上成立直属海门区领导的大陈工委办事处，并帮助最早从大陆迁来的渔民组建了第一个生产合作社。

当解放军战士们听说垦荒队员要来大陈岛时，他们非常高兴，马上为垦荒队员腾出住房、安排床铺，准备渔船和生产工具。当载着首批垦荒队员的交通船来到大陈岛时，战士们全都迎到了码头，他们用脸盆、废炮弹壳当锣鼓，欢天喜地地把垦荒队员接上了岛。垦荒队员上岛后，牢记"建设伟大祖国的大陈岛"这一伟大的号召，克服困难，艰苦创业。与此同时，解放军战士也积极完成重建和守卫大陈岛的双重任务。

当时，战士们喝的都是咸水，啃的是干粮，有时为了完成突击任务，连饭也顾不上吃，许多同志因此得了胃病。岛上风大雾多，梅雨季节整月不见太阳，睡的被子都能拧出水来，衣服和帽子都发霉了，不少战士都得了关节炎。在战备施工中，筑工事，打坑道又苦又累，一些战士还落下了腰肌劳损的病根。

（二）军民创业

解放军在守卫和建设大陈岛的同时，还积极帮助垦荒队共同战胜困难。1956年，一场强台风把垦荒队刚刚种下的庄稼刮得精光，眼看着自己辛勤劳动的成果毁于一旦，垦荒队员们不禁流下了伤心的泪水，有人甚至打起了退堂鼓，开始悄悄收拾行李。就在这时，老首长带着部队的同志来了，他们扛着锄头，向垦荒队走来。老首长在枪林弹雨中失去了一只胳膊，但他是个顶天立地的硬汉子。他走到垦荒队员面前，用目光向大家扫视了一遍，随后温和而又严肃地说："怎么？都低着头干什么？你们不是宣过誓，有一千个困难就要克服一千个吗？遇到点困难就低头，这不是我们垦荒队员该有的样子！都抬起头来，让我们一起战胜眼前的困难吧！"说完，他转身带着部队的同志来到垦荒队的地里，用一只好胳膊高高举起开山锄，用力挖了起来。在解放军战士的帮助下，垦荒队员重新在地里种上了庄稼，并取得了大丰收。

还有一次，垦荒队的养牛场被风刮倒，粮食和饲料都没有了。解放军战士知道这个情况后，马上派人接他们到营房住下，给他们做饭，并供给耕牛饲料。战士们对垦荒队员说："放心住下吧，只要有我们吃的，就饿不了你们。有一斤米，给你们半斤；有两个鸡蛋，我们一家一个！"这种真诚的帮助，增强了垦荒队员在困难面前不低头、不退步的勇气。

对上岛来参加建设的群众，解放军战士也同样尽力给予帮助。中咀村的群众上岛时，只有一根扁担、两只箩筐，解放军战士让他们在部队营房安了家，还送给他们渔船和生产工具，扶持他们开展生产。

为了把大陈岛建成"海上乐园"，解放军战士还和垦荒队员、人民群众一起艰苦创业。海岛比起陆地，有"三难"，就是吃水难、照明难、交通难。岛上一到下半年，吃、用水就特别紧张，要是一连十几天不下雨，水比油还珍贵。为了不受老天爷摆布，军民一起劈山开石，筑库打井，在全岛修建了大大小小共70座水井和水库，并且安装了自来水设备，使甘甜的水能直流到各个渔村、军营和码头。建岛初期，岛上没有电，群众日落而眠。为了改变这个状况，军民先后在岛上建了两座发电厂，满足了全岛的用电所需。现在，一到夜晚，岛上就灯火通明，成了一颗"东海明珠"。大陈岛在刚解放时，交通十分不便。部队上岛后，开山劈石修长公路，使各个渔村、码头都通了车。

（三）军民融合

解决了岛上的"三难"问题后，解放军战士还坚持抓了"两化"工作，这就是海岛绿化和普及文化。解放军战士上岛后，把绿化大陈岛作为部队义不容辞的职责，在荒山秃岭种下450万株树。现在的大陈岛，一片郁郁葱葱，黑松与冬青相互掩映，绿色植被覆盖全岛。在岛上普及文化教育工作时，解放军还主动办了6所文化夜校，派出 120 多名文化教员，帮助群众扫盲。

　　解放军始终坚持突出一个重点，这就是大力支援岛上的经济建设。他们积极参加岛上的拦海大坝、新兴工厂、海底电缆、风力电站的建设和太阳能、潮汐能的开发利用试验等项目。同时，大陈镇人民政府、垦荒队员和群众也都十分关心部队的建设，想方设法保障部队的粮食、燃料和副食品的供应。这种共同的艰苦创业历程，让解放军和大陈岛人民之间结下了深厚的情谊。多年来，驻岛官兵也涌现了像王家发（如"钢钉"一样扎根大陈岛）、吕敬一（当好千里眼）等一批优秀的指战员。

（四）后垦荒时期

　　1960 年 7 月，青年志愿垦荒队光荣地完成了垦荒的历史使命，垦荒队建制正式解散。部分老垦荒队员被调离海岛，他们中有的担任了各级领导干部，有的成了各行各业的生产技术骨干。不过，也有很多垦荒队员舍不得离开大陈岛，舍不得这块与自己苦乐荣辱紧密相连的土地。100 多名队员在垦荒任务完成后，继续留在岛上，并陆续被分配到各个工作岗位，继续为大陈岛的开发建设奉献着青春和热血。

　　"光旦本是卖饼人，响应号召到大陈，党的培养上北京，永远不忘党恩情。"这是李光旦的自勉诗。他本是一个目不识丁的卖饼男孩，上岛初期，只能靠画圆圈向母亲报平安。后来，他刻苦学习，进步很快，于 1958 年出席了全国第三次青年代表大会。垦荒队解散后，他一直担任大陈综合商店经理，工作干得很出色。

　　孤儿谢海松，原是一个拳头砸不出半句话的老实人。但垦荒创业使他得到了锻炼和成长，他不仅入了党，还当了干部。1962 年以来，他在担任大陈信用社主任时，心系生产队发展，全程参与和指导生产队的海带养殖工作，为岛上经济发展做出了新的成绩。

　　五年的垦荒岁月，铸就了一辈子的大陈岛情怀。垦荒队员们始终对大陈岛怀着深深的眷恋之情。自 1985 年 12 月以来，每隔 10 年，大陈岛所在地台州和椒江两级党委政府都会隆重举行大陈岛垦荒纪念大会，缅怀当年的垦荒事迹，弘扬垦荒精神。

　　1995 年 12 月，椒江区决定筹建包括纪念碑、纪念亭、纪念室在内的大陈岛垦荒纪念区，并批准建立一座 16.5 米高的大陈岛垦荒纪念碑。该纪念碑由椒江区政府、团省委出资和垦荒队员发起捐资共同建设。2000 年 2 月，"大陈岛垦荒纪念碑"在当年垦荒队员宣誓的凤尾山顶峰正式落成，碑名由解放一江山岛战役前线总指挥张爱萍同志题写，纪念碑背面镶嵌着"艰苦创业，奋发图强"字样，以此纪念垦荒队员在大陈岛团结奋斗、艰苦创业的光辉历史，教育年轻一代，让大陈岛垦荒精神代代相传。大陈岛垦荒队员及其家属联谊会成立后，还组织老垦荒队员重登大陈岛，开展了"游大陈，访故乡""爱我大陈之旅"等一系列活动。

　　2015 年 12 月 4 日至 5 日，椒江区开展了大陈岛垦荒 60 周年纪念系列活动。4 日上午，纪念大会在大陈岛友谊俱乐部举行，来自温州、台州两地的 100 多名老垦荒队员欢聚一堂，共同回顾当年垦荒的艰苦岁月，弘扬大陈岛垦荒精神，激励当代人并推动发展。会上，向垦荒队员代表颁发了垦荒60周年纪念章，老垦荒队员向团员青年代表授予"建设小康的现代化的大陈岛"红旗。老垦荒队员们还参观了大陈岛青少年宫内的大陈岛垦荒事迹展示馆和垦荒纪念碑，并观看了纪念文艺晚会。

《重访大陈岛》《春满大陈岛》《大海的回忆》等一大批主题影视作品相继推出。《创造新生活的人们——记大陈岛的建设者》《无悔的年华》《爱我大陈》等图书也先后出版。此外，大陈岛垦荒精神巡回宣讲、大陈岛垦荒记忆史料影像展、大陈岛垦荒精神理论研讨会等纪念活动陆续开展。大陈岛垦荒精神将永远铭刻在所有垦荒队员的生命历程中，也将永远激励所有台州人民艰苦创业、奋发图强、无私奉献、开拓创新！

五、大陈岛垦荒精神的提出与弘扬

2018年6月，台州市大陈岛垦荒精神研究中心成立，它是一个集理论研究和社科普及于一体、具有广泛影响力且彰显区域红色文化特色的研究平台。第一至第五届大陈岛垦荒精神理论研讨会，成为大陈岛垦荒精神理论研究与宣传拓展的"风向标"，一步步将大陈岛垦荒精神从一个小岛的垦荒故事逐步凝练与升华，使其成为中国革命精神谱系的重要组成部分和浙江精神的重要元素。

2020年，浙江省将大陈岛垦荒精神纳入省重点文化工程进行研究。自2020年开始，浙江肩负起"努力成为新时代全面展示中国特色社会主义制度优越性的重要窗口"的新目标、新定位，台州市因时而动，提出"民营经济立市、制造之都立业、垦荒精神立心"，以"三立三进三突围"描绘新时代发展路径，着力打造成浙江"重要窗口"中的闪光印记和魅力展区。在此基础上，台州市委进一步提出聚力"三条路径"，奋进"三高三新"，奋力推进中国式现代化的台州实践的号召，为台州人民的现代化建设进一步擘画了宏伟蓝图。

大陈岛垦荒精神的实质是劳动精神。大陈岛垦荒队群体怀着对伟大祖国的大陈岛的无比热爱，身体力行地践行着劳动创造财富，劳动最光荣的劳动精神，可以说，他们就是新中国劳模的典范。重温大陈岛垦荒的来龙去脉，大陈岛垦荒本身就是新时代劳动教育的鲜活载体，而将大陈岛垦荒精神上升为台州城市精神就是彰显劳动精神的宝贵之处。在新的历史时代，我们要大力弘扬劳动精神，奋发图强，积极投身到推进中国式现代化建设的伟大事业中。

Chapter 7

第七章
新时代劳动教育的支持保障及发展趋势

大 学 生 劳 动 教 育

第一节 新时代劳动教育的政策解读

党的十八大以来，党中央高度重视劳动教育，为此出台了相应的劳动教育政策和制度，以此推动和保障劳动教育的落地实施。

一、面向以基础教育为主的劳动教育

1.《关于在全国各级各类学校深入开展"爱学习、爱劳动、爱祖国"教育的意见》

2013年5月，习近平总书记在同全国各族少年儿童代表共庆"六一"国际儿童节的讲话中强调，"少年儿童从小就要立志向、有梦想，爱学习、爱劳动、爱祖国，德智体美全面发展，长大后做对祖国建设有用的人才"[1]。中共教育部党组下发的《关于在全国各级各类学校深入开展"爱学习、爱劳动、爱祖国"教育的意见》（教党〔2013〕25号）指出，从2013年秋季开学起，在全国各级各类学校深入开展爱学习、爱劳动、爱祖国（以下简称"三爱"）教育。该意见共有十条，分别是：充分认识开展"三爱"教育的重要意义、将"三爱"教育纳入课堂教学中、广泛组织"三爱"主题宣讲活动、以"三爱"教育引领校园文化建设、把"三爱"教育贯穿于社会实践活动中、"三爱"教育要与入学教育结合起来、在不断优化教育评价标准中体现"三爱"教育的要求、深入开展"三爱"教育专题研究、切实加强"三爱"教育组织领导和营造"三爱"教育的良好氛围。[2]

2.《关于加强中小学劳动教育的意见》

2015年7月，教育部、共青团中央、全国少工委联合发布的《关于加强中小学劳动教育的意见》（教基一〔2015〕4号）（以下简称《意见》）指出，要切实加强劳动教育，培养学生劳动兴趣、磨炼学生意志品质、激发学生的创造力、促进学生身心健康和全面发展，对于推进教育现代化、实现"两个一百年"奋斗目标和中华民族伟大复兴的中国梦具有重要的现实意义。但目前的劳动教育总体上还存在诸多薄弱环节和问题，劳动教育在学校中被弱化，在家庭中被软化，在社会中被淡化，中小学生劳动机会减少、劳动意识缺乏，出现了一些学生轻视劳动、不会劳动、不珍惜劳动成果的现象。在此背景下，《意见》指出，用3—5年时间，统筹资源，构建模式，推动建立课程完善、资源丰富、模式多样、机制健全的劳动教育体系，形成普遍重视劳动教育的氛围。[3]

---

[1] 张振明,等.习近平：从小就让社会主义核心价值观的种子在心中生根发芽[EB/OL].（2022-06-01）[2024-05-01]. http://www.mod.gov.cn/gfbw/gc/xjp/2022_213414/16079097.html.

[2] 中共教育部党组关于在全国各级各类学校深入开展"爱学习、爱劳动、爱祖国"教育的意见[EB/OL].（2013-09-03）[2024-05-01].http://www.moe.gov.cn/srcsite/A01/s7048/201309/t20130902_171855.html.

[3] 教育部 共青团中央 全国少工委关于加强中小学劳动教育的意见[EB/OL].（2015-07-31）[2024-05-01].http://www.moe.gov.cn/srcsite/A06/s3325/201507/t20150731_197068.html.

《意见》还指出，要充分发挥劳动综合育人功能，以劳树德、以劳增智、以劳强体、以劳育美、以劳创新，促进学生德智体美劳全面发展。

——坚持思想引领。中小学劳动教育既要让学生学习必要的劳动知识和技能，更要通过劳动帮助学生形成健全人格和良好的思想道德品质。

——坚持有机融入。要有效发挥学科教学、社会实践、校园文化、家庭教育、社会教育的劳动教育功能，让学生在日常学习生活中形成劳动光荣、劳动伟大的正确观念。

——坚持实际体验。要让学生直接参与劳动过程，增强劳动感受，体会劳动艰辛，分享劳动喜悦，掌握劳动技能，养成劳动习惯，提高动手能力和发现问题、解决问题的能力。

——坚持适当适度。要根据学生年龄特征、性别差异、身体状况等特点，选择合适的劳动项目和内容，安排适度的劳动时间和强度，做好劳动保护，确保学生人身安全。

二、面向大中小学的劳动教育

1.《关于全面加强新时代大中小学劳动教育的意见》

2020年3月，中共中央、国务院印发的《关于全面加强新时代大中小学劳动教育的意见》指出，劳动教育是中国特色社会主义教育制度的重要内容，直接决定社会主义建设者和接班人的劳动精神面貌、劳动价值取向和劳动技能水平。长期以来，各地区和学校坚持教育与生产劳动相结合，在实践育人方面取得了一定成效。同时也要看到，近年来一些青少年中出现了不珍惜劳动成果、不想劳动、不会劳动的现象，劳动的独特育人价值在一定程度上被忽视，劳动教育正被淡化、弱化。对此，全党全社会必须高度重视，采取有效措施切实加强劳动教育。[1]

新时代劳动教育要以习近平新时代中国特色社会主义思想为指导，全面落实党的教育方针，积极践行全国教育大会精神。在此过程中，要坚持立德树人，坚持培育和践行社会主义核心价值观。要将劳动教育纳入人才培养全过程，贯通大中小学各学段，贯穿家庭、学校、社会各方面。劳动教育要与德育、智育、体育、美育相融合，紧密结合经济社会发展变化和学生生活实际。要积极探索具有中国特色的劳动教育模式，创新体制机制，注重教育实效，实现知行合一，促进学生形成正确的世界观、人生观、价值观。

《关于全面加强新时代大中小学劳动教育的意见》提出的基本原则有以下五条。

——把握育人导向。坚持党的领导，围绕培养担当民族复兴大任的时代新人，着力提升学生综合素质，促进学生全面发展、健康成长。把准劳动教育价值取向，引导

---

[1] 中共中央 国务院关于全面加强新时代大中小学劳动教育的意见[EB/OL].（2020-03-26）[2024-05-01].https://www.gov.cn/zhengce/2020-03/26/content_5495977.htm.

学生树立正确的劳动观，崇尚劳动、尊重劳动，增强对劳动人民的感情，报效国家，奉献社会。

——遵循教育规律。符合学生年龄特点，以体力劳动为主，注意手脑并用、安全适度，强化实践体验，让学生亲历劳动过程，提升育人实效性。

——体现时代特征。适应科技发展和产业变革，针对劳动新形态，注重新兴技术支撑和社会服务新变化。深化产教融合，改进劳动教育方式。强化诚实合法劳动意识，培养科学精神，提高创造性劳动能力。

——强化综合实施。加强政府统筹，拓宽劳动教育途径，整合家庭、学校、社会各方面力量。家庭劳动教育要日常化，学校劳动教育要规范化，社会劳动教育要多样化，形成协同育人格局。

——坚持因地制宜。根据各地区和学校实际，结合当地在自然、经济、文化等方面条件，充分挖掘行业企业、职业院校等可利用资源，宜工则工、宜农则农，采取多种方式开展劳动教育，避免"一刀切"。

该意见规定，根据各学段特点，在大中小学设立劳动教育必修课程，系统加强劳动教育。中小学劳动教育课每周不少于1课时，学校要对学生每天课外和校外劳动时间作出规定。职业院校以实习实训课为主要载体开展劳动教育，其中，劳动精神、劳模精神、工匠精神专题教育不少于16学时。普通高等学校要明确劳动教育主要依托课程，其中本科阶段不少于32学时。该意见还特别指出，家庭要发挥在劳动教育中的基础作用。注重抓住衣食住行等日常生活中的劳动实践机会，鼓励孩子自觉参与、自己动手，随时随地、坚持不懈进行劳动，掌握洗衣做饭等必要的家务劳动技能，每年有针对性地学会1至2项生活技能。

2.《大中小学劳动教育指导纲要（试行）》

2020年7月，教育部印发了《大中小学劳动教育指导纲要（试行）》（教材〔2020〕4号），其对劳动教育的性质、基本理念作了内涵界定，并就劳动教育目标和内容，劳动教育途径、关键环节和评价，学校劳动教育的规划与实施，劳动教育条件保障与专业支持等方面提出了指导性意见。[①]

劳动是创造物质财富和精神财富的过程，是人类特有的基本社会实践活动。劳动教育是发挥劳动的育人功能，对学生进行热爱劳动、热爱劳动人民的教育活动。劳动教育的基本理念有以下四点：

（1）强化劳动观念，弘扬劳动精神。将劳动观念和劳动精神教育贯穿人才培养全过程，贯穿家庭、学校、社会各方面。注重让学生在学习和掌握基本劳动知识技能的过程中，领悟劳动的意义价值，形成勤俭、奋斗、创新、奉献的劳动精神。

（2）强调身心参与，注重手脑并用。把握劳动教育的根本特征，让学生面对真实

[①] 教育部关于印发《大中小学劳动教育指导纲要（试行）》的通知[EB/OL].（2020-07-07）[2024-05-01].http://www.moe.gov.cn/srcsite/A26/jcj_kcjcgh/202007/t20200715_472808.html.

的个人生活、生产和社会性服务任务情境，亲历实际的劳动过程，善于观察思考，注重运用所学知识解决实际问题，提高劳动质量和效率。

（3）继承优良传统，彰显时代特征。在充分发挥传统劳动、传统工艺项目育人功能的同时，紧跟科技发展和产业变革，准确把握新时代劳动工具、劳动技术、劳动形态的新变化，创新劳动教育内容、途径、方式，增强劳动教育的时代性。

（4）发挥主体作用，激励创新创造。关注学生劳动过程中的体验和感悟，引导学生感受劳动的艰辛和收获的快乐，增强获得感、成就感、荣誉感。鼓励学生在学习和借鉴他人丰富经验、技艺的基础上，尝试新方法、探索新技术，打破僵化思维方式，推陈出新。

第二节 新时代劳动教育的管理与保障

中共中央、国务院《关于全面加强新时代大中小学劳动教育的意见》明确提出，要着力提升劳动教育的支撑保障能力，加强劳动教育的组织实施。强调新时代劳动教育的重要性和必要性。本节将从管理机制和保障机制两个方面展开介绍。

一、新时代劳动教育的管理机制

新时代劳动教育是一项系统性工程，需要建立一套健全的劳动教育管理机制，将劳动教育纳入人才培养的全过程。

（1）健全组织。各级教育行政部门要制定各阶段目标任务和部门职责，建立全面实施劳动教育的长效机制。学校要建立健全劳动教育组织实施的工作机制，明确主管校领导，合理设置机构，明晰职责，负责劳动教育的规划设计、组织协调、资源整合、师资培训、过程管理、总结评价等工作，以提高运行效率。

（2）协同推进。要建立高校牵头、行业参与、共同管理的劳动教育实施机制。通过建立劳模工作室、技能大师工作室，设置荣誉教师岗位、实务导师岗位等途径，多渠道引入社会力量参与学校劳动教育。

（3）搭建平台。统筹高校、社会各方力量，合理利用优质企业资源，支持劳动教育基地建设。共建共享劳动实践基地、校外实习实训基地、各类型创新创业孵化平台。在大中小学广泛开展学生劳动技能和劳动成果展示活动，并开展志愿者星级认证。积极推动大学生创新创业大赛。

（4）防范风险。强化劳动安全意识，健全安全保障体系。把劳动安全教育与管理纳入组织实施内容，依据学生身心发展特点，合理安排劳动强度、时长。制定场所设施选择、材料选用、工具设备和防护用品使用、活动流程等安全操作规范，并组织培训考核。科学评估劳动实践活动的安全风险，建立劳动实践活动风险防控预案，完善应急处理机制，重点关注劳动过程中的卫生隐患，采取得力措施，切实保护学生身心健康。鼓励学生购买劳动教育相关保险。

（5）明确职责。明确各职能部门在劳动教育中的职责，特别是教务处、学生处、团委、创业学院和二级学院等部门的职责分工。下面列举了教务处和团委在劳动教育中的职责，所列职责包括但不限于以下内容。

教务处职责：

①强化劳动教育在五育融合、培养全面发展人才中的重要性，加强劳动教育相关制度建设，并根据教育部和本省的相关政策法规，制定劳动教育实施方案或实施细则。

②优化劳动教育管理流程和方法，包括课程设计、活动组织和效果评估等。

③将劳动教育纳入人才培养方案，指导劳动教育课程设计与安排。

④推进"劳动+"课堂创新行动，强调课程体系的综合性、实践性、开放性和针对性。

⑤设定不少于40个的必修学时，包括16学时（1学分）的劳动教育基础课程，16学时（1学分）的实践体验性劳动教育必修课程以及8学时的理论课程。

⑥建立科学的评价体系，设定具体的评价指标和方法，收集和分析学生和教师的反馈，提出改进措施。

团委职责：

①落实和推进大学生每学年的劳动实践活动和社会实践活动。

②每学年设立劳动周，结合专业能力素质要求和职业发展需求，统筹校内外劳动实践，编写劳动实践指导手册，明确教学目标、活动设计、工具使用、考核评价和安全保护等要求。

③组织学生利用假期积极开展公益志愿劳动。

④结合乡村振兴、健康浙江、美丽浙江建设等重大战略，组织学生开展公益活动、志愿劳动和社会服务，培育学生的公共服务意识和奉献精神。

⑤开展劳动教育典型选树活动，通过"五一"国际劳动节主题活动、"劳动之星"评选等活动，展示劳动技能和劳动成果，树立典型劳动教育经验和师生事迹，营造积极向上的劳动氛围。

二、新时代劳动教育的保障机制

1.经费保障

设立劳动教育专项经费，同时要加强经费管理，确保资金使用透明且高效。各高校应加强经费统筹，推进学校劳动教育设施标准化建设工作，完善劳动教育器材、耗材补充的经费保障机制。学校按规定统筹安排公用经费等资金开展劳动教育，确保劳动教育必修课程实施、师资聘请等需要。此外，要通过多形式筹措资金用于建设校外劳动实践基地，可采取政府购买服务的方式，吸引社会力量参与其中，为劳动教育提供服务。

2. 师资保障

重视劳动教育师资队伍建设工作，为教师提供培训和发展机会，从而提升教师的劳动教育能力。一是配齐劳动教育必修课教师。建立一支能满足需求、专兼结合并具备理论讲授、训练带教、实践指导能力的劳动教育教师队伍。高等学校应根据自身专业设置和实际需要配备劳动教育师资。二是建立劳动课教师特聘制度。鼓励聘请当地劳动模范、企业技术精湛的员工等担任劳动实践指导教师，通过设置荣誉教师岗、实践导师岗等方式，从多渠道配备兼职教师。同时，要发挥班主任、辅导员、教职员工等的作用，合力开展劳动教育实践活动。三是加强对双师型教师有关劳动教育的培训与指导。把劳动教育纳入教师培训内容，开展劳动课教师全员培训。四是建立劳动教育教师激励机制。将教师在劳动教育中的履职情况纳入教师专业技术职务评聘和教育教学考核内容。建立符合劳动教育专任教师特点的考核体系，完善工作绩效评价标准、职称评定办法，保障劳动课教师在绩效考核、职称评聘、评优评先、专业发展等方面与其他专任教师享有同等待遇。

3. 资源保障

劳动教育场地与设备的配置，应确保教学资源的充足和适用。地方教育行政部门要统筹规划和配置劳动教育实践资源，丰富拓展实践场所，以满足学校多样化劳动实践需求。要充分利用现有的综合实践基地、青少年校外活动场所、职业院校和普通高校劳动实践场所，建立健全开放共享机制。确定一批学农、学工实践基地，服务型劳动基地，职业体验实践基地，以满足区域内学校校外劳动教育的需要。

学校应按自身规模配备劳动实践教室。合理规划劳动实践教室空间，以满足学生进行项目学习、探究学习、实践学习的需要，此外，还应配备劳动教育必修课和校内劳动所需的设施设备，并提供所需耗材，保证学生有动手的机会。有条件的学校可在地方教育行政部门的统筹安排下，建设学校劳动实践教育基地，为周边学校提供服务，实现资源共享。

鼓励和支持相关机构设立劳动教育研究项目，鼓励高等学校开展劳动教育教学研究。例如，收集并整理反映劳动先进人物事迹和精神的资料，组织研发能够展示劳动过程、劳动安全要求的数字资源。梳理遴选来自教学一线的典型案例和鲜活经验，形成分专题的劳动教育课程资源包，以促进优质资源的共享与使用。

三、新时代劳动教育的评价与改进

1. 新时代劳动教育的评价

新时代劳动教育的综合评价涵盖学生劳动素养评价和学校劳动教育评价两大内容。一是完善大学生劳动素养评价体系。大学生劳动素养包括劳动观念、劳动能力、劳动思维、劳动品质等 4 个方面。该评价体系以劳动教育目标、内容要求为依据，注重过程性评价与结果性评价相结合。积极运用大数据、云平台、物联网等现代信息技术手段，对劳动教育过程实施监测，并开展纪实评价，包括平时表现评价、学期评价、学段综合评价，以此来健全和完善学生劳动素养评价体系。二是完善学校劳动教育评价体系。要从学校劳动教育的定位和规划、内容体系建设、师资队伍建设、实践场所建设、实施质量情况等方面建立评价体系，并将劳动教育实施情况作为评价学校办学质量的重要指标。同时，要建立科学的评价体系，设定具体的评价指标和方法。

2.新时代劳动教育的改进

高校要收集和分析来自学生和教师关于劳动教育的信息，从而建立劳动教育的反馈机制，提出持续改进的措施，分享劳动教育管理与保障的改进方法和推进成果。此外，要把劳动教育纳入教育督导体系，将劳动教育实施情况作为衡量高校教育质量和水平的重要指标。积极创建省级及国家级劳动教育实验区，推动创建一批省级劳动教育示范学校和基地。在各级教学成果奖励中，将劳动教育成果纳入评奖范畴。

第三节 大学生劳动教育的未来趋势

劳动教育已被纳入德智体美劳全面培养的教育体系中，在此背景下，"劳动+"教育的概念应运而生。这一概念旨在将劳动教育融入各个学科领域，使其成为全面培养新时代社会主义建设者和接班人的重要一环，对于教育事业的发展有着重要的意义。

一、"劳动+"教育成为显学

（一）"劳动+"教育的内涵与外延

劳动+德育：劳动教育与德育相结合，培养学生的责任感、团队合作精神和服务社会的意识。劳动不仅是体力和智力的锻炼，更是道德品质塑造的重要途径。通过劳动实践活动，学生可以在实际操作中理解和体会责任与奉献的意义，增强社会责任感和公民意识，践行社会主义核心价值观[1]。劳动教育与思想政治教育相结合，可以培养学生的政治素养和价值观念。新时代劳动教育强调要将劳动教育与思想政治教育紧密结合。学生通过劳动实践，可增强社会责任感和爱国主义精神。例如，组织学生参与社会服务和志愿活动，可增强他们的社会责任感和集体荣誉感，同时通过劳动实践，还能培养学生的爱国主义精神和社会主义核心价值观，使他们成为具有高尚品德和坚定信仰的社会主义建设者和接班人。

---

[1] 冯建军.构建德智体美劳全面培养的教育体系：理据与策略[J].西北师大学报(社会科学版),2020,57(3):6.

劳动+智育：劳动教育与智育相结合，促进学生的动手能力和创新精神的发展。通过实际操作和实践活动，学生能够将理论知识应用到实际问题中，从而提高解决问题的能力。在劳动过程中，学生不仅能学习科学知识和技术原理，还能培养逻辑思维和批判性思维。例如，在开展种植实验时，学生既能学到植物生长的科学知识，又能锻炼实验设计和数据分析能力，从而激发他们的创新思维。

劳动+体育：劳动教育与体育相结合，可增强学生的体质和意志力。劳动不仅是体力的消耗，更是对毅力和耐力的锻炼。在劳动实践中，学生通过体力劳动提高身体素质和健康水平，培养吃苦耐劳的品质。比如，参与学校的田间劳动或工厂实习，学生不仅能增强体质，还能培养其坚持不懈的精神和团队协作的能力。

劳动+美育：劳动教育与美育相结合，有助于培养学生的审美情趣和艺术修养。在劳动中体验美、创造美、欣赏美，从而提升学生的审美能力和艺术素养。在劳动过程中，学生可以通过参与园艺设计、手工制作等活动，感受到劳动的魅力和创造的喜悦[1]。比如，参与校园绿化活动，学生不仅能美化环境，还能在劳动中发现和欣赏自然的美，提升艺术审美能力。

劳动+社会实践：劳动教育与社会实践相结合，可提升学生的社会实践能力和社会责任感。劳动不仅是个人能力的体现，更是社会价值的实现途径。通过参与社区服务、志愿活动等，学生能在实际行动中为社会贡献力量，增强自身的社会责任感。比如，参与社区服务项目，学生不仅能提高组织协调能力，还能在服务他人的过程中体会到帮助他人的快乐和成就感。

劳动+专业教育：劳动教育与专业教育相结合，可提升学生的职业素养和专业能力。将劳动教育融入专业课程，使学生在学习专业知识的同时，掌握实际操作技能。高等教育作为直接面向职业的教育，必须将劳动教育与专业教育紧密结合[2]。如在工程专业中增加实际工程项目的操作实践训练，在医学专业中增加临床实践训练。通过"劳动+"方式，学生不仅能掌握专业知识，还能提高动手能力和实际操作水平，为未来的职业发展打下坚实的基础。

劳动+创新创业教育：劳动教育与创新创业教育相结合，可培养学生的创新精神和创业能力。通过劳动实践激发学生的创新思维，提升他们的创业能力。新时代要求大学生不仅要有扎实的专业知识，还要具备创新创业的能力。通过劳动实践和参与创新创业项目，学生可以从实际需求出发，在解决实际问题的过程中提出创新方案，并通过劳动实践将方案付诸实施，从而培养创新思维和创业精神，提升大学生的创新创业能力。

"劳动+"教育强调有机融入与独立设置相结合。一方面，劳动教育要有机融入人才培养的各个环节，如专业课程、实习实训、社会实践等；另一方面，要确保劳动教育

---

[1] 曲霞,刘向兵.新时代高校劳动教育的内涵辨析与体系建构[J].中国高教研究,2019,(2):76.
[2] 杨明全.核心素养时代的项目式学习:内涵重塑与价值重建[J].课程.教材.教法,2021,41(2):60.

的独立设置，建立独立的劳动教育课程和实践体系，避免劳动教育被弱化、软化、淡化、形式化。在课程设置上，不仅要在各专业课程中融入劳动教育内容，还要开设专门的劳动教育课程和活动，确保劳动教育的系统性和连续性。

（二）"劳动+"教育的实施路径

1. 课程体系建设

将劳动教育有机融入各学科课程，形成跨学科的"劳动+"教育体系。同时，开发与劳动相关的选修课程和专题课程，以此丰富学生的学习内容。在课程体系的建设过程中，需要打破学科间的界限，将劳动教育与各学科有机结合。例如，在生物课程中增加农耕实验项目，在物理课程中加入机械制造实践内容。这些跨学科的课程设计，不仅能丰富学生的学习内容，还能提升他们的综合素质和实践能力。

2. 教学方法创新

采用项目化学习、探究式学习等教学方法，让学生在实际劳动中实现学习和成长。利用现代信息技术，开展线上线下相结合的劳动教育活动，以此提升劳动教育效果。教学方法的创新需要注重学生的自主性和参与性，激发他们的学习兴趣和主动性。例如，通过项目化学习，学生可以在实际项目中学习和应用知识，从而提升动手能力和团队合作精神。同时，利用信息技术开展虚拟实验、在线讨论等活动，可以拓展学生的学习渠道和空间。

3. 实践基地建设

建立校内和校外劳动教育实践基地，为学生创造丰富的劳动实践机会。与企业、社区、社会组织展开合作，拓宽学生的劳动教育实践平台。实践基地的建设需要整合社会资源，提供多样化的实践平台。学校可以与当地企业合作建立实习基地，让学生感受真实的生产环境。同时，鼓励学生参与社区服务和志愿活动，将劳动教育与社会实践有机结合，提升学生的社会责任感和实践能力。

4. 评价机制完善

制定科学合理的劳动教育评价指标，全面评价学生的劳动素养和实践能力。采用过程性评价与终结性评价相结合的方法，确保评价的公平性和科学性。评价机制的完善需要注重学生的全面发展，既要考查学生的实际操作能力，又要关注他们在劳动中的态度和表现。高校可以通过过程性评价记录学生在劳动实践中的参与度和表现，同时，通过终结性评价考查他们的劳动成果和综合素养，这样既能激励学生积极参与劳动教育，又能全面反映他们的劳动素养和能力。

（三）"劳动+"教育的未来展望

1. 政策支持与保障

呼吁政府和教育部门进一步加大对"劳动+"教育的政策支持力度，确保劳动教育的顺利实施。要加大对劳动教育的投入，保障劳动教育拥有充足的资源和经费。有学者认为，政策支持和保障是推动"劳动+"教育发展的关键[1]。政府和教育部门应出台相关政策，明确劳动教育的地位和作用，同时提供充足的经费和资源保障。此外，还应制定相应的监督和评估机制，确保劳动教育的实施效果。例如，可以设立专项基金，用于支持学校开展与劳动教育相关的项目和活动。

2. 全社会的共同参与

提倡全社会共同参与劳动教育，营造尊重劳动、崇尚劳动的社会氛围。鼓励家长、企业和社会各界支持并参与学校的劳动教育活动。全社会共同参与是推动"劳动+"教育发展的重要保障。家庭、学校和社会各界应共同努力，形成支持和参与劳动教育的合力。家长可以通过家庭劳动实践，培养孩子的劳动习惯和劳动意识；企业可以提供实习机会，让学生在真实的工作环境中学习和成长；社会组织可以开展各种志愿服务活动，拓宽学生的劳动教育实践平台。

3. 持续创新与发展

不断创新"劳动+"教育的内容和形式，以适应新时代的发展要求。加强国际交流与合作，借鉴国际先进经验，提升我国劳动教育的水平。持续创新与发展是"劳动+"教育不断进步的动力。教育工作者应积极探索新的教育模式和方法，不断丰富劳动教育的内容和形式。例如，可以引入国外先进的劳动教育理念和实践经验，并结合我国的实际情况，创新劳动教育的方法和手段。同时，应加强国内外的学术交流与合作，提升劳动教育的科学化水平和国际影响力。

二、未来劳动者的素养特征

在"VUCA"时代——这个以volatility（易变性）、uncertainty（不确定性）、complexity（复杂性）和ambiguity（模糊性）为特征的时代背景下，未来劳动者需要具备以下素养，以便更好地应对快速变化和充满挑战的环境。

（一）职业素养

职业道德：在易变性和复杂性的工作环境中，劳动者应保持勤勉敬业的态度，不畏艰难，坚持不懈地完成工作任务。在充满不确定性的环境中，劳动者要保持高尚的职业道德，做到诚实守信，只有这样，才能成为值得他人信赖的合作伙伴。

创造性劳动：在模糊和复杂的情境下，劳动者要勇于尝试新的方法和思路，积极推动创新。

专业技能：劳动者要持续学习和不断实践，以提升自己的专业技能，并拓展跨领域知识，从而适应多变的工作需求。在复杂和模糊的环境中，劳动者应能运用创造性思维解决问题，从而提出具有创新性的解决方案。

---

[1] 肖绍明, 扈中平. 新时代劳动教育何以必要和可能[J]. 教育研究, 2019, 40 (8):50.

（二）创新能力

创新思维：在创新过程中，劳动者应不怕失败，坚持探索和实践，最终实现突破；具备在不确定性中寻求创新机会的能力，能够灵活应对变化，提出新思路、新方法。

学习能力：劳动者应具备终身学习的态度，能够迅速适应新的知识和技术，从而提升自身竞争力。在面对复杂和模糊的信息时，劳动者应善于整合多方面的资源，以提高自身的学习能力和创新的效率。

（三）信息素养

数字化能力：劳动者应熟练掌握和应用数字技术，能够高效处理和分析信息，适应快速变化的数字化环境；能充分利用数字技术推动创新，提高工作效率和质量。

数据分析能力：在充满不确定性的情况下，确保数据的真实性和准确性，做出科学的决策和判断；能从复杂的数据中提取有价值的信息，以此推动创新。

（四）沟通与合作

沟通能力：在易变和模糊的环境中，劳动者应保持透明和诚实的沟通，建立信任和合作关系；善于在复杂的团队环境中，利用多元化的观点和意见来推动创新和协作。

团队合作：劳动者应具备团队合作精神，在充满不确定性的环境中能够与他人协作，共同应对挑战。在团队中发挥创造性思维，劳动者应激发团队成员的创新潜力，共同创造价值。

（五）全球视野

跨文化交流：劳动者应尊重不同文化的习俗和价值观，待人诚实，建立信任；能够利用跨文化交流中的多样性推动创新和进步，以适应全球化带来的复杂性和模糊性。

国际视野：劳动者应了解国际形势和全球经济发展趋势，积极参与国际合作和竞争，应对全球化带来的易变性和不确定性。在全球视野下，劳动者应寻找创新机会，推动企业和个人的国际化发展。

（六）可持续发展意识

环保意识：在工作和生活中践行绿色环保理念，劳动者应努力降低对环境的负面影响，适应环境变化带来的挑战；劳动者应推动企业和社会的可持续发展，利用创新技术实现绿色发展。

社会责任感：劳动者应具备社会责任感，关注社会问题，积极参与公益和志愿服务，做到诚实、透明。在承担社会责任时，劳动者应投入足够的时间和精力，做出实实在在的贡献。在面对复杂性和模糊性时，劳动者应保持坚定。劳动者应通过创新手段，解决社会问题，推动社会进步，应对复杂和不确定的社会环境。

（七）其他具体素养

应变能力：在易变和不确定的环境中，劳动者应迅速调整计划和行动，以适应新的情况和挑战。

批判性思维：在复杂和模糊的信息中，劳动者应识别关键问题和潜在风险，做出理性和独立的判断。

情绪管理：在压力和变化中，劳动者应保持冷静和积极的心态，管理好自己的情绪，保持高效的工作状态。

跨界合作：与来自不同领域和背景的人合作时，劳动者应具备合作精神，共同解决复杂的问题，推动跨界创新。

参考文献

[1] 本书编写组.习近平总书记教育重要论述讲义[M].北京：高等教育出版社，2020.

[2] 曹天杰，张爱娟.网络空间安全概论[M].西安：西安电子科技大学出版社，2022.

[3] 陈坚.中国共产党为实现中华民族伟大复兴而奋斗[M].北京：中国言实出版社，2018.

[4] 陈建作.大学生创新与创业基础[M].北京：北京理工大学出版社，2021.

[5] 陈振鹭.劳动问题大纲[M].上海：上海大学书店，1934.

[6] 陈征.论现代科学劳动：马克思劳动价值论的新发展[M].福州：福建人民出版社，2017.

[7] 夏征农.大辞海（语词卷3）[M].上海：上海辞书出版社，2009.

[8] 韩民青，袁红英，等.科学发展·经济建设论[M].济南：山东人民出版社，2008.

[9] 韩毓海.卡尔·马克思：纪念版[M].北京：人民出版社，2018.

[10] 何虎生.主心骨——历史选择了中国共产党[M].合肥：安徽人民出版社，2021.

[11] 黄炳超，符茂.大学生非智力因素培养与职业生涯发展[M].北京：光明日报出版社，2016.

[12] 黄平江.利用QQ群构建高校辅导员工作网络平台[J].琼州学院学报，2008（4）：57–58.

[13] 班建武."新"劳动教育的内涵特征与实践路径[J].教育研究，2019，40（1）：21–26.

[14] 简明大不列颠百科全书（第5卷）[M].北京：中国大百科全书出版社，1985.

[15] 拉斯特，黄明蕙.情感经济：人工智能、颠覆性变革与人类未来[M].彭相珍，译.北京：中译出版社，2021.

[16] 李建军.金融科技理论与实践[M].北京：中国财政经济出版社，2021.

[17] 李仁涵.智能时代高等教育模式研究[M].上海：上海大学出版社，2019.

[18] 刘进才.劳动伦理学[M].上海：华东理工大学出版社，1994.

[19] 刘丽红，罗俊，黄海军.大学生劳动教育[M].北京：新华出版社，2022.

[20] 刘正刚.大学生创新创业研究：以艺术生为例[M].北京：航空工业出版社，2019.

[21] 马克思.1844年经济学哲学手稿[M].北京：人民出版社，2018.

[22] 马克思恩格斯全集（第3卷）[M].北京：人民出版社，2006.

[23] 马克思恩格斯全集（第5卷）[M].北京：人民出版社，2006.

[24] 马克思恩格斯文集（第1卷）[M].北京：人民出版社，2009.

[25] 马克思恩格斯文集（第2卷）[M].北京：人民出版社，2009.

[26] 马克思恩格斯文集（第5卷）[M].北京：人民出版社，2009.

[27] 马克思恩格斯文集（第8卷）[M].北京：人民出版社，2009.

[28] 马克思恩格斯文集（第10卷）[M].北京：人民出版社，2009.

[29] 马克思恩格斯选集（第1卷）[M].北京：人民出版社，2012.

[30] 马克思恩格斯选集（第2卷）[M].北京：人民出版社，2012.

[31] 马唯杰.劳动伦理研究[M].苏州：苏州大学出版社，2018.

[32] 潘燕桃，廖昀赟.大学生信息素养教育的"慕课"化趋势[J].大学图书馆学报，2014，32（4）:21–27.

[33] 邱苗.浅析"人的解放"[J].商品与质量，2012 (S7):230.

[34] 沈红兵.人工智能技术进步对劳动就业的影响研究[M].成都：西南科技大学出版社，2019.

[35] 双维.用微信公众号拓展大学生思想政治教育平台探究[J].传播与版权，2015（8）:161–162.

[36] 田鹏颖.高校劳动教育的本体价值和实施途径[J].中国高等教育，2020（Z3）:6–8.

[37] 王克.高校创新创业探究[M].北京：北京时代华文书局，2021.

[38] 王昕杰，乔法容.劳动伦理学[M].郑州：河南大学出版社，1989.

[39] 吴学东.马克思的劳动思想研究[M].北京：中国社会科学出版社，2018.

[40] 习近平.在同全国劳动模范代表座谈时的讲话[N].人民日报，2013–04–29（2）.

[41] 习近平.习近平谈治国理政（第一卷）[M].2版.北京：外文出版社，2018.

[42] 习近平.习近平谈治国理政（第二卷）[M].北京：外文出版社，2014.

[43] 肖绍明，扈中平.新时代劳动教育何以必要和可能[J].教育研究，2019，40（8）:42–50.

[44] 熊来平.马克思的劳动概念及其当代价值[M].北京：中国社会科学出版社，2019.

[45] 张海生.高校劳动教育的意涵、价值与实践：一种本体论、价值论和方法论的解析[J].大学教育科学，2021（1）:53–59.

[46] 张泰源，韩喜平.习近平总书记关于劳动教育的重要论述的四维意蕴[J].教育研究，2022，43（6）:19–27.

[47] 赵明霏.从劳动创造性到创造性劳动：新时代高校劳动教育的价值目标[J].山东工会论坛，2021，27（5）:1–8.

[48] 赵培兴.创新劳动价值论：论超常价值[M].北京：人民出版社，2010.

[49] 中共台州市委宣传部.永恒的丰碑：大陈岛垦荒精神通读[M].杭州：浙江人民出版社，2021.

[50] 2022年人工智能将产生重大影响的五大领域[EB/OL].(2022–03–18)[2024–05–01]. http://www.igdzc.com/keji/20220318/1829933.html.

[51] Gartner最新数据显示：RPA——广袤天地，大有可为[EB/OL].（2019–07–04）[2024–05–01].https://www.163.com/dy/article/EJ90ME4C0511S3EE.html.

[52] 崔征.中国创新创业大赛（广东赛区）累计吸引参赛企业近4万家 撬动资本超300亿元[EB/OL].(2023–08–31)[2024–05–01].https://news.southcn.com/node_d75048eff3/5bd4a966d5.shtml.

[53] 李明.改革开放40年，成就举世瞩目[EB/OL].（2018–09–25）[2024–05–01].https://news.sina.com.cn/o/2018–09–25/doc-ifxeuwwr8003789.shtml.

[54] 孙树强.人工智能发展所带来的变革与反思[EB/OL].（2023–11–02）[2024–05–01].https://www.thepaper.cn/newsDetail_forward_25165909.